The Key

To Interpersonal Communication

人際之鑰

在社交中找到自己的聲音

擴展交際圈 × 人脈資本 × 社交能量，
有沒有人告訴過你，左右逢源的「源」其實就是資源的「源」！

你還覺得「會社交」

給人油嘴滑舌的感覺？其實超級吃香！

無數的經驗告訴你，左右逢源的「源」＝無數的資源！
聽說企業用人時，比起個人能力，更看重你能不能好好跟別人相處，
下次要面試時被問到有什麼專長，你要說：啥也不會，但很會社交！

蔡賢隆，舒天，
孫思忠——主編

目錄

前言

　　追求卓越是生命中最熾熱的因子，渴望成功是人生最活躍的本能。因為，成功意味著生命的富足與健康，成功代表著人生的幸福與快樂。儘管生活從來不會讓我們盡如人意，人生始終都是競賽般的艱辛，但成功的夢想，從人生開始的那一刻，就在我們每個人的心裡發光發熱。

　　實現人生的成功，可以有無數種選擇，可以有無數條路徑，但都離不開人生的智慧。你可以勇敢地去追求，若是缺少了智慧，就只能是在空幻中做不切實際的勞動。你也可以不停地奮鬥，若是沒有智慧的支撐，就只能在無休止的煩惱中埋葬最初的熱情。

　　人生的智慧在於對生命的思考，而成功的人生在於讓智慧閃光。

　　成功人生的大智慧，是生活的哲理，是處世的藝術，是立身的學問，是生存的技巧，更是一把開啟成功之門的金鑰匙。

　　人生是個萬花筒，每個人都以自己的方式，表現出獨具個性的色彩與姿態。如果缺少了智慧，就會使自己的人生黯然失色。也許我們一次不理智的拖延，卻錯過了春天的季節；

前言

　　也許我們一次不留神的衝動，卻夭折了未成熟的果實；也許我們一次不聰明的放棄，卻失去了與成功牽手的機會。因此，感悟成功人生的經驗，激發自我的智慧能量，可以使我們的人生少走些彎路，少犯些錯誤，更快與陽光擁抱，與成功交會。

　　人生的智慧豐富多彩，成功的方法許許多多。如果你想掌握未來的人生，那麼，善於學習、善於思索，就會裨益多多。本書將精彩的人生哲理、實用的人生途徑、最有說服力的人生經驗，盡收囊中，送給諸位讀者，目的就是啟迪讀者對人生的思索，引發讀者對生活的感悟，讓讀者在智慧的海洋中，找到自己的成功之路。

　　青年時期，是人生的黃金時期。願以此書與各位青年讀者朋友共勉。

一、處世有道，好人緣者贏天下

1. 好人緣是人生寶貴的財富

現代社會，分工細化，競爭殘酷，單憑一個人的力量是根本無法取得事業上的任何成就的。只有借助眾人之力，才有可能創造輝煌的人生。而要獲得眾人的幫助，上下一心，攻克目標，那就必須擁有好人緣，這是我們人生中最寶貴的財富。

現代心理學和社會學的研究已證實，人際關係具有四大功能，或者說四大作用：

（1）產生合力

平時，我們常說的「人多力量大」，「團結就是力量」，「人心齊，泰山移」，說的就是這個道理。

（2）形成互補

俗語說：一個籬笆三個椿，一個好漢三個幫。

一個人，即使是天才，也不可能樣樣精通。所以，他要完成自己的事業，就必須善於利用別人的智力、能力和才幹。然而，用人並不僅僅是一種僱傭與被僱傭的關係，想要最大程度地激發下屬工作的積極性，就必須掌握一定的人際技巧。

在一個人開拓自己的事業時，總會遇到自己力所不能及的困難，這時，良好的人際關係會助你一臂之力，為你掃清障礙。

（3）聯絡感情

人是一種感情動物，必須經常進行感情上的交流，也需要獲得友誼。

在邁向成功的道路上，想堅持到底，僅僅依靠信念的支撐是不夠的，還必須有友誼的滋潤。良好的人際關係會使你獲得一種強大的力量和熱情，在成功時得到分享和提醒，在挫折時得到傾訴和鼓勵，這必將會有助於你心理的有益平衡，從而使你有勇氣邁向新的征程。

（4）交流資訊

在現代社會，可以說，掌握了資訊就等於掌握住了成功。一個珍貴的資訊可以使人功成名就，腰纏萬貫，而資訊閉塞也可能會使人貽誤戰機，遺憾終生。

廣交朋友，善處關係，無疑就是一條十分有效的獲取資訊的途徑，這樣一來，你就能夠在未來的競爭中始終處於一種領先的地位，取得事業上的成功。

許多走出校門進入社會後取得了輝煌成功的人們用他們的親身經歷表明：良好的人際關係是人生成功所不可缺少的要件之一。那些有志於將來成就大事業的人，更應充分重視人際關係，擁有一個受益一生的好人緣。

2. 人和是人生成功的重要條件

　　人生講究人和。何謂人和？辦事同心同德，眾志成城就是人和。它包括個人目的明確，意志堅定，全力以赴；眾人則傾心追隨，盡力幫助，不三心二意。

　　成功需要人緣。何謂人緣？你的公關力強，討人喜歡，辦事便一路順暢，平常人們所說的「有人緣」意思便是這樣。人緣主要是個人與眾人的感情連繫。一個人應有自己的個性，但為了事業成功，為了大家能接受自己，也必須適當塑造人緣。而人緣作為一種人與人感情連繫的結果，是人們平時努力爭取得來的。

　　人和與人緣區別如此，它們既有所不同，卻又大體相同，而且從成事的條件來說，人緣無疑是人和的因素之一。

　　說人緣，多少有些俗氣，還有些攀扯關係的意味，為了達到目的，獲得生存和發展的條件，甚至投機鑽營。然而，為了事業的成功及應付複雜艱難的局面，人緣所需的手段又常常是人和實現的方式。這樣，人和與人緣的區別又在哪裡呢？

　　簡而言之，無非目的高下，是非感的有無，道德觀念的濃淡，僅此而已。而實際行動之中，人和、人緣必混而為一，個中奧妙無限，不可說清，也不可說透。大抵君子賴人和成正事，小人靠人緣而一團和氣。

在許多人的心目中，商場就是戰場，充滿著爾虞我詐、你死我活的爭鬥，根本沒有什麼人情好講。其實不然，要想在商場上不被淘汰掉，你就必須懂得廣交朋友，善於用「情」，它會為你帶來意想不到的收穫。

3. 良好的人際關係給你豐厚的回報

史蒂芬・柯維指出：不論對上對下，對內對外，良好的人際關係就是一筆巨大的投資，必然會在你需要的時候給你豐厚的回報。

登山名家艾德蒙・海拉利和他的嚮導登上聖母峰，為登山史留下一筆偉大的紀錄。但是在他們下山的途中，卻發生了一件鮮為人知的插曲。原來海拉利差一點失足滑下山崖，是他的嚮導及時把斧頭插進冰壁中，拉緊繩子，兩人才逃過一劫。

事後，這名土著嚮導拒絕接受任何表揚。他並不認為救人之舉是什麼異乎尋常的事，只是把它當作他的職責的一部分。他說：「登山客總是會互相幫忙的。」

登山是如此，社會生活又何不是如此。在關鍵的時刻，良好的人際關係能使人生獲得重大轉機。

在當今，競爭的壓力越來越大，每個人都需要友誼的滋潤。正因為如此，所以我們要學會交朋友，但是，僅僅學會

交朋友還是不夠的。要使自己的美麗生活錦上添花，就必須要使友誼之樹萬古長青，也就是學會交友之餘還要學會保持並不斷擴展自己的人際網絡。

美國一家調查公司的調查結果顯示：一個人在生活中，如果不能建立起一個良好的人際網絡，比方說與家人、朋友之間的情誼，與社團、教會、公司維持適度關係的話，那麼這個人在九年內比社交關係良好的人，死亡率要高出兩倍以上。這是由於人際關係不佳，會導致許多心理和生理方面的問題所致。

廣交朋友，善處關係，這樣，你就能及時地收集到來自四面八方的資訊。而屬於你個人的成功，就蘊含在這些資訊之中。

4. 別忘了，好人緣是你最大的資本

史蒂芬·柯維指出：社會關係就是人與人之間的關係。因此，只要你走入社會，就必須懂得人際關係的重要性。你的人際關係基礎打好了，你的事業也就成功了一半。

人際關係，說得通俗一點，就是「人緣」。人活在這個世界上，免不了要跟各式各樣的人打交道，無論身處偏僻的山村，還是安身於繁華的都市，無論是在工廠、企業、公司，還是學校、醫院、商店，都是活生生的人來人往的世

界，這個世界是多姿多彩的，又是千奇百怪、千差萬別的。處在這個紛繁複雜世界中的人也是各式各樣的，他們性格不一，志趣相異，他們或者由於工作需求，或者為了某種目的，發生著或大或小、或親或疏的關係，由此形成了大大小小、各式各樣的群體、組織、團體等。當你孤身一人闖入這個社會，首先需要獲得的便是一個良好的公共關係，別忘了，好人緣是你最大的資本。

多一份人緣，少一份煩惱。生活是個大舞臺，你我他都扮演著不同的角色，又不停地變換著角色，各個角色之間時刻進行著各式各樣的人際交往。一個好的人緣就是一張廣大而伸縮自如的關係網，用這張網你可以活得輕鬆自在，瀟灑自如，塑造一個完美的人生。

莫洛是美國摩根銀行股東兼總經理，當時的年薪高達一百萬美元。忽然有一天，他放棄了這個人人欣羨的職務，而改仕墨西哥大使，並因此震驚了全美國。

莫洛先生最初不過是一個法院的書記員，後來為何有如此驚人的成就呢？

莫洛一生中最大的轉捩點，就是他被摩根銀行的董事們相中，一躍而成為全國商業鉅子，登上摩根銀行總經理的寶座。據說摩根銀行的董事們選擇莫洛擔當此重任，不僅因為他在企業界享有盛名，實在是因為他具有極佳的人緣。

「人緣」這真是一個奇妙的名詞啊！

凡特立伯任紐約市銀行總裁時，他在僱用任何一位高級職員時，第一步要打聽的便是這人是否有為人稱道的人緣。

吉福特本是一個小小的店員，後來任美國電話電報公司的總經理，他常常對人說，他認為人緣是成功的主要因素，人緣在一切事業裡均極其重要。

那些在事業上取得一番成績的人，他們都是塑造人緣的高手。他們無論對人對己，都非常自然並不費力地便能獲得他人的注意和真愛。你想成功嗎？那就要為建立一個好人緣而付出努力。

5. 先處理好人際關係再做事業

人際交往在本質上是一個社會交換的過程。具有怎樣的社交能力，對於事業、工作、友情、愛情和家庭都至關重要。

美國心理學家在貝爾實驗室所做的研究顯示了處理好人際關係的重要性。該實驗室的成員均為高智商的科學家和工程師，然而有的仍然燦若明星，而有的卻已失去光彩了。為何有此差別？原來明星們都擁有良好的人際關係網。業績平平者在碰到技術難題時，向技術權威請教，然後等待答覆，結果往往是得不到回音。而明星們則極少碰到這種事，因為他們在需要別人幫助前就與相關人士建立了可依賴的關係，一旦需要幫助，幾乎總能很快得到答覆。

人人都希望自己能有一個美好的人際關係世界，都希望能多擁有一些朋友，並與他們保持真摯的友誼。儘管每個人可能都有不同的交往動機，對朋友的要求與期望也不盡相同，但是，心理學家仍然從研究中得出了有助於贏得朋友，保持友誼，避免人際關係破裂的一般原則。

（1）真誠

真誠是人際交往的最基本要求，所有的人際交往的手段、技巧都應該是建立在真誠交往的基礎之上的。爾虞我詐的欺騙和虛偽的敷衍都是對人際關係的褻瀆。真誠不是寫在臉上的，而是發自內心的，偽裝出來的真誠比真正的欺騙更令人討厭。

（2）人際相互作用

我們都希望別人能夠承認自己的價值，希望別人能夠接納自己、喜歡自己。出於這個目的，我們在社會交往中往往更注意自己的自我表現，希望吸引別人的注意力，處處期待別人首先接納自己。這種從自我單方面出發來考慮問題的方式本無可非議，可是它卻實實在在地影響著我們的人際關係。

社會心理學家透過大量的研究發現，人際關係的基礎是人與人之間的相互重視、相互支持。

任何人都不會無緣無故地接納我們、喜歡我們。別人喜

歡我們往往是建立在我們喜歡他們、承認他們的價值的前提下的。人際交往中的喜歡與厭惡、接近與疏遠都是相互的。喜歡和我們接近的人，我們才喜歡與他們接近；疏遠我們的人，我們也會疏遠他們。只有真心接納、喜歡我們的人，我們才會真心接納喜歡他們，願意與他們建立和維持良好的人際關係。這就是人際交往中的互動原則。

（3）讓別人覺得值得與你交往

著名的社會心理學家霍曼斯提出，人際交往在本質上是一個社會交換的過程。長期以來，人們最忌諱將人際交往和交換連繫起來，認為一談交換，就很庸俗，或者褻瀆了人與人之間真摯的感情。這種想法大可不必有。其實，我們在交往中總是在交換著某些東西，或者是物質，或者是情感，或者是其他。人們都希望交換對於自己來說是值得的，希望在交換過程中得大於失或至少等於失。不值得的交換是沒有理由去進行的，不值得的人際交往更沒有理由去維持。所有的交換都是依據一定的價值標準來衡量的。對自己不值得的，或者失大於得的人際關係，人們就傾向於逃避、疏遠或中止。

正是交往的這種社會交換本質，要求我們在人際交往中必須注意，讓別人覺得與我們的交往值得。無論怎樣親密的關係，都應該注意從物質、感情等各方面「投資」，否則，

原來親密的關係也會轉化為疏遠的關係，使我們面臨人際交往危機。

在我們積極「投資」的同時，還要注意不要急於獲得回報。現實生活中，只問付出，不問回報的人只占少數，大多數人在付出而沒有得到期望中的回報時，就會產生吃虧的感覺，這樣便很難獲得穩固的人際關係。

不怕吃虧的同時，我們還應注意，不要過多的付出。過多的付出，對於對方來說是一筆無法償還的債，會帶給對方巨大的心理壓力，使人覺得很累，因而導致心理天平的失衡。這同樣會損害已經形成的人際關係。這種例子屢見不鮮，我們常常會聽人抱怨：「我對他那麼好，付出了那麼多，為什麼他反倒開始不喜歡我了？」殊不知，正是自己付出的太多，才損害了兩個人的關係。

（4）維護別人的自尊心

人有臉，樹有皮。每一個人都有自尊心，都希望別人的言行不傷及自己的自尊心。自尊心的高低是以自我價值感來衡量的。自我價值感強烈，則自尊心較高；自我價值感不強，則自尊心較低。大量的心理學研究證明，任何人在人際交往過程中都有明顯的對自我價值感的維護的傾向。例如，當我們取得了成績時，我們會解釋為這是自己的能力優於別人的緣故；當別人取得了成績而我們沒有取得時，我們就會解釋

為別人僅僅是機遇好而已。這樣的解釋就不至於降低自我的價值感而傷及自尊心。

人的自我價值感主要來自於人際交往過程中他人對自己的反饋。因此，他人在人們的自我價值感確立方面具有特殊的意義。別人的肯定會增加人們的自我價值感，而別人的否定會直接威脅到人們的自我價值感。因此，人們對來自人際關係世界的否定性的訊息特別敏感，別人的否定會激起強烈的自我價值保護的傾向，表現為逃避別人或者否定別人，以維護自己的自尊心。

明白了以上幾點，你的人際關係網定能穩而不疏。

6. 微笑使你永遠受到歡迎

和藹可親的態度是一封永恆的介紹信。專家研究顯示，有志於人生成功的每個人都應學會使用微笑這一人際交往的法寶。

倘若你不會使用微笑，便好像一個人在銀行裡有百萬存款，卻沒有存摺，難以派上用場。的確，微笑是你人際關係中的百萬資財，只看你會不會巧妙運用。

送給對方一個稱讚 —— 加上微笑，便使稱讚更加賞心悅目；

求人幫忙 —— 附上微笑，對方會更樂於答應你的請求；

得到他人的恩惠 —— 回報微笑，使他更加心滿意足；

即使在你不得不講一些「老老實實的話」時 —— 伴以微笑，往往更能緩和氣氛。

真誠的微笑，其效用如同神奇的按鈕，能立即接通他人友善的感情，因為它在告訴對方：「我喜歡你，我願意當你的朋友。」同時也在說：「我認為你也會喜歡我的。」

微笑，還道出了另外一件重要的事情：你值得我對你微笑。波納羅·奧弗斯粹特曾說：「我們對別人微笑，別人也會對我們報之以微笑。也可以說，我們已經從眾人之中選中了他，我們已經承認了他，並給予了他一個特殊的地位。」

倘若你想使自己的微笑確實成為交友的工具，必須讓微笑發自內心深處。高明的心理學教師，在教授「微笑語態」這項內容時，總是告訴他的學生，在微笑之前，先做一次深呼吸，使微笑發自內心深處。在這種情況下，微笑發自心底，而不是僅憑嘴唇和面部肌肉的牽動。當然，這裡說的仍是技巧問題，而善良、真誠的微笑，僅靠技巧是做不出來的。記住，影響他人的不是技巧，而是你對他人的真實情感。

然而，許多大學生卻不善於微笑，他們的唯一理由是：向他人顯示自己的真實情感，決非良策，一定要做到「喜怒不形於色」。這與人們多年來所受的傳統教育有關。其實，這正是一個天大的誤會。每個人與生俱來，都具有完美微笑的天賦。問題的關鍵在於：敢不敢讓它極其自然地流露出來，

那取決於你是否能讓緊崩著的神經鬆弛下來，克服那種時時刻刻都在防範他人的恐懼感；輕鬆些，坦誠些，微笑便會自然而然地流露在你的臉上。

事實上，自從原始人類的第一次微笑出現，周圍便產生了很明顯的愉快效果。從此笑就開始在人類社會中具有內在的價值。具有用微笑來傳達愉快的能力的人，開始在社交方面比其他較為嚴肅的夥伴占有優勢；他成了一個「善社交的人」，在社交方面往往被社會所選中和喜愛。公關小姐一個重要的條件就是要會微笑，假如她失去了那份惹人喜歡的微笑，說不定她還在廚房後面洗碗哩！在社會競爭越來越激烈的今天，物競天擇、適者生存的過程所產生的作用，往往有利於那些能用微笑來表達愉快興奮狀態的人。在人類進化的全過程中，微笑已在整個人類中牢固生根。假如你留意奧運會的入場式，你就會發現，那裡有不同的國家和民族，不同的膚色和臉孔，不同的服裝，不同的文化傳統，但有一個共同之處 —— 大家的臉上都掛著微笑。

在社會生活中，微笑已成為人們富有人性的特徵。它有助於克服羞怯的情緒和困窘的感情，並有助於人們之間的交往和友誼。有的心理學家甚至認為「會不會微笑是衡量一個人對周圍環境適應的標準」。這種說法雖然不免有點誇張，但微笑確實能抒發健康的情緒，減輕生活的緊張感與環境的束縛感，達到「樂以忘憂」的境界。

　　微笑不僅是心理健康愉快的表現，還是一種很重要的生理功能。眾所周知，笑造成增強身心的作用，它使身體充滿一種為其他活動很少能提供的舒適感；它能振奮精神，活躍身心，使全身產生「快樂的震動」：軀體和橫膈膜的活動加快肺部的吸氣和呼氣，血液獲得更多的氧，血液循環變得效率更高，於是就產生了振奮精神的效果。

　　科學家們把微笑的這些效果稱為「心理生理上的」效果，因此它們似乎是大自然用來賜給那些會笑的人以「生存福利」的方法。這種方法大概把絕大部分的人包括在內了；假如有些人確實不苟言笑，那麼我們就可以說，大自然施捨給這些人的「生存福利」是比較少的。為了獲得更多的「生存福利」，從現在開始你應學會微笑。比如在四下無人的時候，你可以強迫自己高興起來，吹吹口哨哼哼歌，相信你真的會快樂起來。請聽已故哈佛大學心理學教授威廉斯的意見，「情感似乎指引著行動，但事實上，行動與情感是可以互相指引、同時並作的。因此，當你不快樂的時候，你可以挺起胸膛，強迫自己快樂起來。快樂並非來自外力，而是來自內心的情境。」

　　快樂與否並不在於你擁有什麼，你是誰，你處於何種地位，或你在做些什麼事情。只要你想快樂，你就能快樂。做同樣的事，賺同樣多錢的人，其中一個人可以笑口常開，另外一個或許整天愁眉苦臉。為什麼會有如此大的差別呢？答

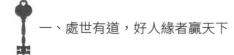

案是：他們的心理狀態不一樣。好萊塢月收入數百萬美金的明星不見得比泥水匠更快樂。

微笑永遠是受歡迎的，它來自快樂，也可以創造快樂。假如你的心中經常保持著愉快的心理狀態，你就能驅散你的一切煩惱、不快和疲勞。青年朋友們，把心擺到快樂的那邊去，你總會有收穫；把頭抬起，揚起你深鎖的愁眉，你就是明日的主宰。

二、善於社交，才能贏得好人生

1. 善於社交是人生的重要能力

任何一個人，都無法脫離社會群體而獨立存在。因此，人際交往是個體融入社會群體的重要保障。人生的成長與發展，成功與幸福，無不與他人的交往密切相連。

社交具有深刻的社會性，作為一種能力已越來越被人們所重視，這是社會發展的必然。隨著全球化趨勢的發展，使人們之間的溝通日益頻繁。而溝通能否順利實現，在很大程度上取決於雙方的交往能力。

善於社交，會交朋友不僅是人生的一種重要能力，更是發展自己，走向成功的一筆寶貴財富。

每個人都有與他人交往的需求和願望，也都有與他人交往的必要。人一生的愉快與煩惱、快樂與悲傷，都和與他人的交往及關係密不可分。日常生活實踐和心理學研究都顯示，正常的人際交往和良好的人際關係是個體心理正常發展、維持心理健康的基本前提。

在今天的社會中，社交既是一種能力，也是一門藝術，主要體現在與社會進行交流；展示自己的才能和魅力；使自己更易被他人接受和歡迎等方面。透過對那些取得卓越成就人士的成功經驗的研究發現，在個人取得成功的諸多因素中，社會交往能力的作用，絕不亞於他們所掌握的專門知識和技能。卓越的社會交往能力，能夠使自己更容易被理解、被接納、被幫助，成功之路更通暢，生活更幸福。

當然，對於與人交往，每個人都需要保持最佳平衡。當交往處於停滯狀態時，人們無疑渴望社交，但當交往過於頻繁的時候，人們又想方設法躲避交往，這種又愛又恨的矛盾心理，正是由於人的本性和潛質。一個樂於交往的人，也可能是愛好獨處的人，而一個獨處的人，很可能是迫切希望交往的人。不同的人，其交往需要和獨處需要的強度或許有很大差異，但前提是必須保持二者的平衡。

人際關係的品質影響著我們事業生活中的各方面。人際關係越和諧，工作成果和個人成就也會越突出，我們事業和生活中的樂趣也就越多。

我們在事業之外的幸福和個人生活的品質也都取決於個人與他人交往的方式，取決於能否輕鬆地建立並維持友好、誠摯和長久和諧的私人關係。

在《三國演義》中，三國時的關羽，曾經有「溫酒斬華雄」和「過五關斬六將」的功勞，自以為「威震華夏」、「天下無敵」。劉備自立為漢中王後，封「關、張、趙、馬、黃」為「五虎大將」，關羽居首。可是關羽聽說黃忠也被封為「五虎大將」之一，就大為惱火：「黃忠何等人，敢與吾同列，大丈夫終不與老卒為伍！」

關羽駐守荊州的時候，孫權派諸葛瑾到他那裡，替孫權的兒子向關羽的女兒求婚，「求結兩家之好」，「併力破曹」。關羽竟勃然大怒：「吾虎女安肯嫁犬子乎！」孫權派

陸遜鎮守陸口，陸遜派人送禮給關羽，關羽竟當著來使的面說孫權「見識短淺，用此孺子為將」。關羽的傲慢和目空一切，使他的言語成為利刃，深深刺傷了每一位願與他交好的人，這也為他悲劇的命運埋下了伏筆，致使他最終落了個失荊州，走麥城，人頭落地的下場，這不能不為我們後人所戒之！

美國著名成人教育家卡內基認為，人際關係是成功的最重要因素。他指出：一個人事業的成功，只有百分之十五是由於他的專業技術，另外的百分之八十五要靠人際關係、處世技巧。外國許多的相關研究機構也透過研究證實，喜歡別人，又能讓別人喜歡的人，才是世界上最成功的人。

廣泛與人交往是機遇的泉源。交往越廣泛，遇到機遇的機率就越高。有許多機遇就是在與朋友的交往中出現的，比如：朋友的一句話、朋友的幫助和關心等。其實，許多成功人士都是靠朋友的推薦、朋友提供的資訊和其他多方面的幫助，才獲得了難得的機遇。

2. 精於社交之道能夠贏得好人緣

良好的社交能力為你帶來好人緣，而好人緣是人生的一筆無形財富。

透過良好的社交而獲得的好人緣，會使你處處辦事順

利，在哪裡都有人捧場，所以，你事業的成功，便比別人順利的多，因為人緣為你鋪了路，助了力。所以，凡是聰明的人，都很重視人緣在事業中的作用。

凡特立伯任紐約市銀行總裁時，他在僱用任何一位高級職員時，第一步要打聽的便是這人是否有為人稱道的人緣。

吉福特本是一個小小的店員，後來任美國電話電報公司的總經理，他常常對人說：「我認為人緣是成功的主要因素，人緣在一切事業裡極其重要」。

好人緣是一張最有效的通行證，它可以使你到處受到歡迎，它可以使你辦什麼事都心想事成，所以，對於好人緣這筆人生重要的無形資產，我們應當好好保護並使其增值。

現實生活中，誰都想有一個好人緣，有一個好人緣，到哪裡都受歡迎；有一個好人緣，辦事就會省去許多麻煩；有一個好人緣，生活就充滿了七彩陽光……。

因此，我們要讓事業順暢，生活工作得心應手，就要善於社交，為建立好人緣而付出努力。

3. 利用一切關係成就自己的成功

在今天這個時代，孤膽英雄已經寸步難行，欲要人生精彩若求事業成功，就必須廣交朋友，擴展人際關係，利用良好的人際關係來達成事業的輝煌。

很多人只知道比爾蓋茲成為世界首富的原因，是因為他掌握了世界的大趨勢，還有他在電腦上的智慧和執著。其實比爾蓋茲之所以成功，除了這些原因之外，還有一個關鍵的因素，就是比爾蓋茲的人際關係資源相當豐富。

　　比爾蓋茲創立微軟公司的時候，還是一個年輕的大學生，但是在他 20 歲的時候，卻簽下了一筆大訂單。

　　假如把營銷比喻成釣魚的話，是釣大鯨魚，還是釣小魚比較好呢？回答肯定是大鯨魚。因為釣到一條大鯨魚可以吃一年，但釣小魚的話得天天去釣。比爾蓋茲在創業的時候，就了解這一點。他一開始就釣了一條大鯨魚。

　　讓我們來領略一下比爾蓋茲的人際關係法則。

　　第一，利用自己親人的人際關係資源。

　　他 20 歲時簽到了第一份合約，這份合約是跟當時全世界最強的電腦公司 —— IBM 簽的。

　　當時，他還是位在大學讀書的學生，沒有太多的人際關係資源。他怎能釣到這麼大的「鯨魚」？可能很多人不知道。原來，比爾蓋茲之所以可以簽到這份合約，中間有一個仲介人 —— 比爾蓋茲的母親。比爾蓋茲的母親是 IBM 的董事會董事，媽媽介紹兒子認識董事長，這不是很理所當然的事情嗎？假如當初比爾蓋茲沒有簽到 IBM 這筆訂單，相信他今天絕對不可能擁有幾百億美元的個人資產。

　　第二，利用合作夥伴的人際關係資源。

大家都知道比爾蓋茲最重要的合夥人——保羅‧艾倫及史蒂芬。他們不僅為微軟貢獻他們的聰明才智，也貢獻他們的人際關係資源。

第三，發展國外的朋友，讓他們去調查國外的市場，以及開拓國外市場。

比爾蓋茲有一個非常好的日本朋友叫彥西，他為比爾蓋茲講解了很多日本市場的特點，為比爾蓋茲找到了第一個日本個人電腦項目，以此來開闢日本市場。

第四，僱用非常聰明、能獨立工作、有潛力的人。

比爾蓋茲說：「在我的事業中，我不得不說我最好的經營決策是必須挑選人才，擁有一個完全信任的人，一個可以委以重任的人，一個為你分擔憂愁的人。」

4. 積極擴展自己的人際網絡

人際關係是一筆財富，善於營造和利用它，將使我們在生命中如魚得水、如虎添翼。

現代人的生活壓力太大了，我們需要友誼的滋潤。正因為如此，所以我們要學會交朋友，但是，僅僅學會交朋友還是不夠的。要使自己的美麗生活錦上添花，就必須要使我們的友誼之樹萬古長青，也就是學會交友之餘還要學會保持並不斷擴展自己的人際網絡。

　　增進人際關係技巧和能力的方法很多，這裡僅羅列出一些要點：

　　要拓展人際網絡，就要下定決心不斷結交新朋友。

　　充分利用個人際遇，將現有的親友、同事，以及業務上有來往關係的人，列入備忘錄，並勤加聯繫。

　　學習正確的社交禮儀和應對之道。

　　選讀一門人際溝通課程，或者找出這方面的名著自修。

　　參加各種社團，或者透過擔任義工方式走入人群。

　　以志趣會友，如加入讀書會、登山社、球友會，以及其它主題性聚會及活動。

　　舉辦小型聚會，並一定要邀請新朋友與會。

　　定期與家人聚會。

　　學習主動與人交談的技巧，即使是同舟同車的陌生人。

　　觀察他人如何與人溝通，並學習社交名人的行為舉止。

　　利用網路交友。

　　發動同事間的休閒活動，以增進情誼，激發腦力。

　　除了這些實際有效的行動之外，更別忘了人際溝通的要點，如善於傾聽的能力、表達的能力、排難解紛的能力，以及共謀合作的能力等。

　　有人曾對美國 500 家大企業做過研究，發現這些大企業提升行政主管的主要考核標準，便是此人的人際溝通能力。

　　對於個人而言，如果想要保持溝通管理暢通，自身更

必須要能夠做到公正開明，不戴有色眼鏡看人，也不偏持己見。

同時，傾聽的能力也必須加強，要能夠提供恰當的開場白。不僅聽別人說話時眼睛要注視對方，鼓勵對方把意思表達完整，同時也不要干擾別人說話，並且盡量表現感同身受。

另外，在增進人際能力方面，別忘了自己做人的態度，這更是發生標竿的作用。

一個經常喜歡批評、抱怨、譴責他人的人，保證人見人惡。千萬別讓自己成為這樣的人。

要真心關懷別人，別盡說些表裡不一、口惠而實不至的空話，這是自以為聰明的反面做法。

自尊尊人，尤其是尊重他人，使別人感到備受重視，對人際交往具有奇效。

多詢問意見，少發號施令。

不要爭權奪利。

心存一顆感恩的心，並表達真誠的感激之情。

愛人，就是給他時間。

微笑絕對討喜。

懂得讚美，凡事隨緣同喜。

做一個有高度幽默感的人。

懂得這些還不夠，一個真正的人際關係高手，不僅能夠

識人、認人、通曉人際關係理論，而且還能夠活用這些知識，在現實中與人合作相處。這是因為他能夠洞悉他人的動機、意圖、心情、感受和思路，並且事前掌握對方的動向。

5. 學會廣泛地結交各界朋友

忠誠、患難相持、禍福與共的友誼，是人類關係中最佳的一種，在生活壓力與日俱增的時代裡，人生中更渴求友誼的滋潤。

友誼是個令人肅然起敬的字眼。培根曾這樣評論過友誼：「友誼能使歡樂加倍，把悲傷減少一半。」英國詩人柯立芝寫道：「友誼是一棵遮蔭樹。」

在今天，友誼仍然具有相同的重要性 —— 也許更重要，因為今天的生活壓力太大了，我們更需要友誼。這裡所說的並不是那種「酒肉朋友」，而是忠誠、患難與共、相互扶持的友誼，這是人類關係中最佳的一種。

擁有真誠友誼的人，比百萬富翁或億萬富翁更富有 —— 金錢不能改變此一事實。這也許聽起來有點像老生常談，卻是一個不容懷疑的真理。你可以失去金錢，當然也可以失去好朋友 —— 好朋友也免不了一死 —— 只要你有交友的能力，你隨時都可結交新朋友。何況你只是失去一位好朋友的身體，如果你真心愛他，他將永遠留在你心中。

美國名演員及幽默家羅傑斯（Will Rogers）曾經說過：
「我從未遇見我不喜歡的人。」

這種充滿感情、充滿真誠的說法，出自一位以純真、和善而贏得全美國人愛戴的人的口中，著實令人深受感動。下面就來告訴你結交朋友、獲得友誼的規則和方法。

（1）結交朋友的五項規則

朋友是自己的一筆財富，會對我們未來的生活產生奇妙的影響，因此，我們在結交朋友時，應當遵循以下五項規則，這樣你就不愁沒有朋友。

①做你自己的朋友

如果你無法成為自己的朋友，那你不可能成為別人的朋友。如果你看不起自己，也將無法尊敬別人，而且將對別人充滿妒嫉。其他人也將察覺到你的友誼並不純淨，因此將不會回報你的友誼。他們可能會同情你的問題，但憐憫並不是友誼堅強的基礎。

②主動接近別人

這是下一步驟。當你與某個相識的人在一起時，如果你覺得自己有意談話，你不妨盡量表達你的意思，只要不失態，大可放言高論。如果你說了一個笑話，不要認為自己傻；如果你感到緊張，並希望別人能夠喜歡你，也不要覺得自己不夠穩重。努力去找尋具有積極個性與美德的人，把他們找出來，不要吹毛求疵，要消除這種想法，因為它們是友誼的敵人。

③把你想像成別人

這種想像將會幫助你。如果你能從對方的立場來想像對方的心情，並且盡量客觀，那麼你將可以感受到他的需求，並且盡可能在你的能力範圍以及你們的關係程度之內，滿足這些需求，你也能夠更深入了解他的反應。如果他在某些方面很敏感，你可以避免令他感到難堪或不安。當你覺得有意表現自己的寬大時，你可以建立起他自己的自我形象。如果他是個值得交往的朋友，他將會對你的仁慈十分感激，而且也將回報你 —— 以他自己的方法回報你。

④接受他人的獨特個性

人人都有其特點，尤其坦誠相處時，更能表現出這種特點。不要試圖改變這個事實。別人是別人，不是你；接受他的本來面目，他也會尊重你的本來面目。想要強迫別人接受你自己先入為主的觀念，這是十分嚴重的錯誤。如果你採取這種霸道的做法，你將會得到一位敵人，而不是一位朋友。

⑤盡力滿足他人的需求

這是一個激烈競爭的世界，人們往往只想到自己的需求 —— 而不會想到別人。盡力擺脫這種情況，並且多多替別人設想，那你將成為一個受人珍重的朋友。許多人喜歡向別人「訓話」，他們發表「演說」，別人只能洗耳恭聽。千萬不可如此對待朋友，你要和他「交談」。

這是一些如何交朋友的最聰明的忠告，如果你能有效地應用這幾項原則，你將獲得令你感到震驚的豐富友誼。

（2）結交朋友的方法

結交朋友是一門藝術，它需要良好的交友方法。下面幾種方法可能會對你有所啟迪。

①對他人感興趣

已故維也納著名心理學家阿爾弗雷德·阿德勒，寫過一本叫做《生命對你意味著什麼》的書。在這本書中，他說：「不對別人感興趣的人，別人也不會對他感興趣。所有人類的失敗，都出自於這種人。」

你也許讀過幾十本有關心理學的書籍，可能還沒見到一句對你來說更有意義的話，阿德勒這句話意義太深遠了。

當著名魔術大家豪華·哲斯頓最後一次在百老匯上臺的時候，《創富學》作者希爾花了一個晚上待在洗手間裡。為什麼呢？因為哲斯頓，這位被公認為魔術師中的魔術師，前後四十年，曾到世界各地一再地創造幻像，迷惑觀眾，使大家吃驚得喘不過氣來。共有六千萬人買票去看過他的表演，而他賺了幾乎兩百萬美元的利潤。

希爾請哲斯頓先生告訴他成功的祕訣。哲斯頓說，他的成功與學校教育沒有什麼關係，因為他很小的時候就離家出走，成為一名流浪者，搭貨車，睡穀堆，沿門乞討，他是靠坐在車中向外看著鐵道沿線上的標誌而認識了字。

他的魔術知識是否特別優越？他告訴希爾，關於魔術手法的書已經有好幾百本，而且有幾十個人跟他懂得一樣多。但他有兩樣東西，其他人則沒有。第一，他能在舞臺上把他的個性顯現出來。他是一個表演大師，了解人類的天性。他的所作所為，每一個手勢，每一個語氣，每一個眉毛上揚的動作，都在事先很仔細地預習過，而他的動作也配合得分秒不差。除此之外，哲斯頓對別人真誠地感興趣。他告訴希爾，許多魔術師會看著觀眾，對自己說：「坐在底下的那些人是一群傻子，一群笨蛋；我可以把他們騙得團團轉。」但哲斯頓的方式完全不同。他每次一走上臺，就對自己說：「我很感激，因為這些人來看我表演，他們使我能夠過一種很美好的生活。我要把他們當作朋友，並把我最高明的手法，表演給他們看看。」

他宣稱，他沒有一次在走上臺時，不是一再地對自己說：「我愛我的觀眾，我愛我的觀眾。」希爾聽完後總結說，哲斯頓的成功祕方是如此簡單，那就是對他人感興趣，這就是一位有史以來最著名的魔術師所採用的祕方。

對別人顯示你的興趣，不但可以讓你交到許多朋友，更可以為你在與人交往中增加信任感。

②對別人表現出真誠的關切

要表示你的關切，這跟其他人際關係一樣，必須是誠摯的。這不僅使得付出關切的人得到成果，接收這種關切的人

也是一樣。它是條雙向道，當事人雙方都會受益。

有一位名叫馬汀·金斯柏的人曾提到，一位護士給他的關切深深地影響了他的一生：

「那天是感恩節，我只有十歲，正因社會福利制度而住在一家市立醫院，預定第二天就要動一次大整形手術。我知道以後幾個月都是一些限制和痛苦了。我父親已去世，我和我媽住在一個小公寓裡，靠社會福利金維生。那天我媽剛好不能來看我。

那天，我完全被寂寞、失望、恐懼的感覺所壓倒。我知道媽媽正在家裡為我擔心，而且是孤零零的一個人，沒人陪她吃飯，我們甚至沒錢吃一頓感恩節晚餐。

眼淚在我的眼眶裡打轉，我把頭埋進了枕頭下面，暗自哭泣，但全身都因痛苦而顫抖著。

一位年輕的實習護士聽到我的哭聲，就過來看看。她把枕頭從我頭上拿開，拭去了我的眼淚。她跟我說她非常的寂寞，因為她必須在這天工作而無法跟家人在一起。她又問我願不願和她一同吃晚餐。她拿了兩盤東西進來：有火雞片，馬鈴薯，草莓醬和冰淇淋甜點。她跟我聊天並試著消除我的恐懼。雖然她本應四點就下班的，可是她一直陪我到將近十一點才走。她一直跟我玩，聊天，等到我睡了才離開。

十歲以前，我過了許多的感恩節，但這個感恩節永遠不

會消失，我還記得那沮喪、恐懼、孤寂的感覺，突然一個陌生人的溫情使那些感覺消失了。」

馬汀‧金斯柏的話語告訴我們，如果你要別人喜歡你，或是培養真正的友情，或者既要幫助別人又要幫助自己，就把這條原則記在心裡：對別人表現出真誠的關切。

這是結交朋友的真諦！

6. 要賺更多的錢就要接觸更多的人

人際關係是一種無形的財富，有了人際關係，到哪裡都會有人捧場。有了人際關係，成功會事半功倍。所以，凡是聰明的人，都很注重人際關係在事業中的作用。

湯姆‧霍普金斯是世界一流的銷售大師，被美國報刊稱為國際銷售界的傳奇冠軍，他是世界金氏紀錄房地產銷售最高紀錄的保持者。他曾與美國前總統布希、英國首相柴契爾夫人等同臺演講。他出版的書籍被譯成 11 種語言。

他是如何利用人際關係資源來成就自己的事業呢？他的祕訣是：

第一，賺更多錢的技巧就是去接觸更多的人，不斷豐富自己的人際關係資源。

雖然少數的銷售員會否認前面的說法，但多數銷售員卻不會如此做，他們知道他們必須每天去會見一堆陌生人才能

成功。當然，他也害怕被人拒絕。但是，請你抱持這個觀念，那就是每一次被拒絕，你實際上是賺到了錢，你被拒絕的次數越多，賺的錢也越多。

所以，現在你就走出去會見一些需要你的產品或你的幫助的人吧！你正在走向下一條預期成功的路上。

第二，銷售就是去找人銷售產品，及銷售產品給你找到的人。

電話銷售以及陌生拜訪的比率大約是 10：1，那就是說，打十個潛在客戶的電話可以得到一個面談機會。不要去問別人的成功比率，不要去和別人比，你只要跟自己比就好了，你要使自己每天進步一點點。

一旦你把你的成功比率設定好，那就要努力去執行。如果你得到大量的會面機會但是沒能做成幾筆銷售，你可能在未得到有效資格認定之前就失去了機會。在找錯銷售對象時你無法賺到錢。

第三，開發金礦。

被其他業務員遺漏的顧客，就是一個金礦，只要你願意並且能夠使用它，你就有享受不完的資源。

當失敗的銷售人員離開一個客戶時，在他們後面的是什麼？他們的客戶。

很多人之所以在銷售上失敗，是因為他們不知道追蹤跟進。在你公司裡，那些失敗的銷售員所放棄的客戶正能成為你的客戶群。

「只要你開始致力於別的銷售員遺留在公司的檔案，你的收入就起飛了。你打電話給這些被遺忘的客戶，重新建立你們的連繫。」

第四，做一個本地優秀的公關人員。

一位銷售冠軍不會閉關自守，不關心報章的頭版新聞。他會讀當地報紙來開展生意。而且他讀報時手中拿著一枝筆，因為有成批的人刊登各種消息，每一件事對成功都是重要的。

報紙上登載著許多有關人們升遷的小道新聞，你可以信賴這種資訊。讀每一則文章，剪下來，然後寄給那個升遷的人，再附帶一個短籤道賀恭喜。他們肯定會心存感謝。他們不只感謝這短籤，還可能會非常感激你 —— 你在他們收到短籤的當天拿起電話打給他們，告訴他們你能帶來什麼樣的幫助，或提供什麼樣的服務。

第五，交換市場。

你應該借由你一些最好的客戶來建立自己的交易市場，除了一些努力之外，它花不了你什麼成本。

選擇一些能幹的銷售員和你作交換。交換包括兩個內容：交換客戶名單；相互介紹顧客。你要先打第一個電話，告訴銷售經理你想做什麼，問他你應該在公司找誰做你的交換市場。那位銷售經理就會安排某個人作為你的交換市場。

第六，保持聯絡。

與顧客保持長期聯絡有三種方法：寄東西給他們；打電話給他們；去看望他們。

大部分的頂尖銷售冠軍至少每十天寄出一次郵件。很多汽車頂尖銷售員每年寄給客戶四到八次公司的新產品目錄。幾乎每個大公司都會定期印製小冊子給他們的銷售員寄發給客戶。

所有的這些郵寄系統能以小小的努力獲得大量回饋，但是它不能取代電訪或親自拜訪的聯繫方式。用郵寄保持接觸，以及維持你在他們心中的新鮮度。再利用電訪和親自拜訪得到最有效的回饋，你必須及時了解客戶的欲望，搔到他們的癢處。

7. 努力改善社交中的消極態度

有些人，只做交往的響應者，不做社交的始動者。這對人際交往危害巨大。改善人際交往中的消極態度，對一個人來說，意義重大。

豐富多彩的人際關係世界是每一個人正常生活、事業成功的必要條件。可是，很多人的這個需求都沒有得到滿足。他們總是慨嘆世界上缺少真情，缺少幫助，缺少愛，那種強烈的孤獨感困擾著他們，折磨著他們。其實，很多人之所以

缺少朋友，僅僅是因為他們在人際交往中總是採取消極的、被動的退縮方式，總是期待友誼和愛情從天而降。這樣一來，他們雖然生活在人來人往的世界裡，卻仍然無法擺脫心靈上的孤寂。

要知道，別人是沒有理由無緣無故對我們感興趣的。因此，如果想贏得別人的注意，與別人建立良好的人際關係，擺脫孤獨的折磨，就必須主動交往。

心理學家研究發現，有兩點原因影響人們無法主動，而採取被動退縮的交往方式：

一是生怕自己的主動交往不能引起別人的積極響應，從而使自己陷入窘迫、尷尬的境地，進而傷及自己脆弱的自尊心。而實際上，在現實生活中，每一個人都有交往的需求，因此，我們主動而別人不採取響應的情況是極其少見的。試想，如果別人主動對你打招呼，你會採取拒絕的態度嗎？生活中有一個非常有趣的現象：假設在火車的包廂裡坐著六個人，如果裡面至少有一個是主動交往的人，那麼他們必定談得興高采烈，一路上充滿歡聲笑語；如果這六個人沒有一個人主動和別人交往，那麼，從起點坐到終點，他們會始終處在無聊的氣氛中，看書也沒興致，對望又很尷尬，所以乾脆閉上眼睛養神。與其尷尬地面面相覷，還不如主動打招呼，換得一路不寂寞。不是嗎？當你嘗試著主動和別人打招呼、攀談時，你會發現，人際交往是如此容易。

　　二是人們心裡對主動交往有很多誤解。比如，有的人會認為「先向別人打招呼，顯得自己低賤」，「我這樣麻煩別人，人家一定覺得很煩」，「他又不認識我，怎麼會幫我的忙呢？」等等。其實，這些都是害人不淺的誤解，沒有任何可靠的證據能證明其正確性。但是，這些觀念卻實實在在地發揮著作用，阻礙了人們在交往中採取主動的方式，從而失去了很多結識別人、發展友誼的機會。

　　也許，這些理由仍然不能說服你主動交往，那麼，你總該相信，實踐是檢驗真理的唯一標準。不去嘗試，永遠不會真正有心得。有人說，嘗試是成功的先導。我們很贊同這觀點。當你因為某種擔心而不敢主動與別人交往時，最好去實踐一下，用事實證明你的擔心是多餘的。不斷的嘗試，會累積你成功的經驗，增強你的自信心，使你的人際關係越來越好。

三、世事練達，社交處世有學問

1. 社交是人生的大事情

社交是一門藝術，而且是一門十分複雜的藝術，你想學會它，當然要把它視為人生中的大事來實踐才行。

我們與人初次見面時，往往會在不知不覺中帶給對方「此人很不友善」、「此人很直爽」之類的印象。這是拿對方跟自己的經驗相對照，並以其體格、外貌、服裝等為基準，對對方產生的一種觀念。如果給對方的第一印象有所錯覺的話，就很難修正它。即使能修正過來，也要花費很長時間，很大的力氣。

所以，在社會交往中，始終保持旺盛的精力、飽滿的熱情以及大方自然的精神，是增進我們個人形象的重要因素。與人交往，神采奕奕，精力充沛，顯得富有自信力，便能激發對方的交往熱情，活躍交往氛圍。如果是萎靡不振，無精打采，則顯得敷衍冷漠，使對方感到興味索然乃至不快。我們可以想像，一個精神飽滿、大方自然的人往往會給人留下自信、樂觀、進取和對生活充滿熱情的印象；而神情倦怠、渙散或者表現出緊張局促、手足無措，都會給人缺乏社交經驗、不成熟、不專注、看不起人的印象。也正因為如此，所以我們說，社交無小事。

（1）注意社交的衣著

穿著能直接反映出人的氣質、修養與情操，它往往能在

別人真正了解你之前，向別人透露出你是何種人。這是你給人的第一印象。如果在這方面稍下功夫，與人交往定會事半功倍。

社交性衣著選擇，必須注意以下幾項原則：

①要適合自己的特點

每個人都有他特定的社會角色，這種角色又有特定的言行、服飾。例如，社會地位較高的人應該外表端莊、衣著整潔。如果不顧形象，就會影響社交效果。俗話說：「穿衣戴帽，各人所好。」這話在日常生活裡沒錯，但當參加社交活動、與人交往時你就不能單單考慮個人所好了，而應考慮自己這個角色的需求，盡量做到衣著與角色和諧。否則，當別人對你產生誤會，帶來不必要煩惱時，只有眼睜睜地吃虧了。

②要適應特定環境

有時，特定環境對衣著有特定的要求。這時，在衣著服飾上就應配合社交環境，不惜犧牲個性風格進行獨具匠心的選擇。演員穿著就是如此，一旦要扮演戲中的角色，則無一例外地要嚴格服從劇中角色的需求。有位素來莊重的年輕人，當他攜帶巨款到外地訂貨時，卻用花格襯衫把自己打扮得像一個小流氓。走到哪裡人們都躲開他，警察也特別注意他。結果，這身裝束並未使他一路順風。可見，真正正確的衣著應該是有助於自己完成社交使命的衣著。

③要體現個性化地社交風采

在符合角色的要求下，可以適當提倡衣著的個性化。除了警察等統一著裝的職業外，其他人在衣著上有廣泛的選擇餘地，可以根據自己的愛好、氣質修養、審美情趣進行選擇，以展現自己與眾不同的風采。

（2）注意社交的衛生

乾淨清潔是一切美的基本條件，要讓自己出色先要讓自己乾淨。髒亂給人的感覺是最差的，髒亂可以拒人於千里，讓人望而卻步。乾淨清潔是一種健康的生命狀態，令人嚮往和喜悅的生命狀態。所以，講究衛生是社交中不可忽視的重要環節。

社會交往過程中，應注意：

不要隨地吐痰、亂丟果皮紙屑。參加宴會時，不要將骨、刺、牙籤、餐巾紙等隨手丟在桌上或地下，應放在桌上的盤中。個人不潔物品，應丟入垃圾桶，吐痰應吐入痰盂。

要經常理髮，注意頭皮屑。

勿在他人面前挖鼻孔、掏耳朵、挖眼屎、剔牙齒等。打噴嚏時，應用手帕握住，面向一旁，避免發出大聲。

注意口腔異味。參加活動前不要吃蔥、蒜等辛辣食品，必要時可口含一點茶葉或口香糖，以除臭味。

不要在公共場所吸菸，尤其是女士在場時，須徵得對方同意，並把煙灰彈入煙灰缸。

皮鞋要保持光亮，布鞋、球鞋、休閒鞋則要刷洗乾淨。

若下雨，應把雨具放在門外，不要把泥水等帶入室內。入室前，應先在門口把鞋底擦乾淨。

生病時不要參加社交活動。

（3）注意社交的表情

人最複雜的是表情，最能打動人的也是表情。表情實在是太豐富了。讓人一見不忘，也因為你的表情留給別人深刻印象。有人說過：「人身之有面，猶室之有門，人未入室，先見大門。」沒有魅力的藝術品是打動不了人的，何況人的表情呢！

表情歸納起來可分為以下兩種：

①眼神

眼神是指透過眼睛的各種變化來傳遞某種訊息的身體語言。眼睛是心靈的窗戶，是人體傳遞訊息最微妙、最準確的器官。人的喜、怒、哀、樂等深層心理情感都能從眼神的微妙變化中反映出來，而且能表達出最細微、最精妙的差異。在談判中，如果一方將眼鏡滑落到鼻尖上，眼睛從眼鏡上面窺探，這就是對對方不滿的情感流露。雙目生輝，炯炯有神，是心情愉快、充滿信心的反映。在談判中，這種眼神有助於取得對方信任從而促進合作。相反地，雙眉緊鎖、目光搖曳不定或不敢正視對方，會被對方認為你無能，最終可能導致對自己不利的後果。

②微笑。

微笑語言指運用不出聲的微笑來傳遞某種訊息的身體語言。

微笑不僅是與人打招呼的無聲語言，同時又是婉拒的有效方式。如對自己不感興趣又不便用語言拒絕的問話，微微一笑可以表達無奈、諒解等多種意思。

（4）注意社交的眼神

眼神是一種在社交中透過視線接觸來傳遞訊息的表情語言。人們歷來重視眼睛對行為所產生的巨大影響。思想感情的存在和變化都能從眼睛顯示出來。從理論上來說，眼神主要由以下三方面組成。

①視線長度

在我們與人交談的過程中，注視對方的時間是談話時間的一半左右。如果超過這個比例，說明我們對對方本人比對方的話更感興趣；低於這個比例，說明對二者都無所謂。交談時的其他眼神表現，整體來說要靈活自然。對一般的談話對象，不要長時間凝視，否則就會讓對方有被侵犯的感覺。

②視線方向

談話時，我們注視對方的部位可以顯示我們與對方關係的親疏。在生意、談判、商務等場合，要用眼睛看著對方臉上的三角部位。這個三角就是雙眼和前額的中心位置。如果

你看著對方的這個部位，就會顯得嚴肅認真，別人也會感到你有誠意。所以，這是掌握住談話主動權和控制權的重要因素。在一般社交場合，也是用眼睛看著對方臉上的三角部位。但這個三角是兩眼和嘴的中心位置。在戀人之間所注視的部位是兩眼和胸部位置。這種眼神只有用於戀人之間才合適，對其他人不能濫用。

③瞳孔變化

瞳孔的放大與縮小很微妙，在一般情況下，瞳孔放大表示興奮、愉快或愛，傳達的是好訊息。比如賭場上賭客拿了一副好牌，同桌的其他人就會敏銳地感覺到對方眼神的異樣，其實這種異樣就是瞳孔放大。

反之，瞳孔縮小則表示消極、憤怒或警惕，傳達出壞的訊息。研究顯示，當人極度興奮激動時，他的瞳孔就會放大到它原來正常大小的四倍多。反之，憤怒或消極的態度能使瞳孔縮小到只剩一點點。瞳孔的變化是中樞神經系統活動的表現，它如實地顯示出大腦所進行的思維活動。所以瞳孔的變化是下意識的、自己意志所不能控制的。電影電視中，賭客總是戴著墨鏡，其目的就是怕別人看出瞳孔的變化。

2. 外圓內方，不忘大原則

　　人在社會上立身處世，最重要的一點是做到圓內容方，不忘大原則。圓內容方，從整體與部分、共性與個性的角度而言，是指不同特質和個性的個體和諧共存，允許在遵守共同規則的前提下發展個性。比如當今的世界，講求多元文化共同存在，共同發展。各民族、各個國家的文化是方，所有的方合起來就是一個圓，是整個人類文化的整體。不同民族、國家的文化互相尊重，互相學習和容納，猶如不同個性的人互相尊重、和睦相處。

　　從人生的原則性和靈活性上來說，圓內容方是指特定條件下的一種處世社交方法。尤其是在亂世、困境、險境之中，人不能事行直道，不得不小心謹慎，講究權變。有時為了大的原則、大的利益而不得已犧牲或違背小的原則、小的利益。比如《論語》中孔子對管仲的評價。

　　管仲原來是輔佐公子糾的。公子糾和齊桓公是兄弟，也是政敵。齊桓公殺了公子糾，管仲不但沒有為公子糾殉死，反而當了齊桓公的宰相。有人說管仲不仁，孔子說，管仲這個人是很了不起的。他幫助齊桓公九合諸侯，沒有使用武力，使天下得到了安定，老百姓如今還受到他的恩惠。如果沒有管仲，我們今天很可能都成了野蠻人了。他為天下和國家做出了這麼大的貢獻，不是一個只知道自己上吊或倒在水

溝裡默默無聞、白白死去的普通老百姓所能比的。

　　管仲為齊桓公做事，對公子糾來說是不忠、不仁、不義，從個人處世的角度講是圓而不方。但是，他為天下國家做出了貢獻，為天下百姓盡了大忠、大仁、大義，可以說是圓中有方，沒有違背天下的大義、大原則。所以孔子不但沒有否定他，還充分肯定了他的偉大功績。

　　「圓內容方」的另一個例子是馮道。在唐、宋之交五胡亂華的幾十年間，都是胡人統治。五個朝代，都請馮道出來做官，而他對每個君主都表現出忠心。可見他「圓」到了極點。對馮道的這種行為，歐陽修罵他無恥，認為他替胡人做事，沒有氣節。而同時代的王安石、蘇東坡等人卻認為他了不起，是「菩薩位中人」。馮道的一生，可謂是「圓中容方，不忘大原則」。儘管他在胡人統治的朝廷為官，但他本人的生活卻十分嚴謹，既不貪財，也不好色。在他的謹慎和圓滑中，他始終堅守著自己的人生大原則。他認為在當時的歷史背景下，最重要的是保有中國文化的精神和中華民族的命脈，以待國家出現真正的君主。他死後很多年，才出現了宋太祖趙匡胤，建立了大宋王朝。

　　由此可見，一個人要想成就大業、青史留名，在社會社交當中就既不能全圓，也不可盡方。只有做到圓內容方，不忘大原則，才能在處世做人中遊刃有餘。

3. 避實就虛，處世須圓

以其人之道，還治其人之身。避實擊虛，以詐制詐，以奸制奸，也是以圓處世的方法之一。對於一個做事力求光明正大的人來說，這樣的做法表面上看來好像有點不清不白，但是如果確實能夠用這些方法來對付商場社交中遇到的奸詐之輩，定是最經濟、最有效的辦法。

1930 年代的時候，英國商人威爾斯向香港茂隆皮箱行訂購了 3,000 只皮箱，價值為 20 萬港元。雙方簽訂的合約明確規定，全部貨物要在一個月之內交清，若逾期不能按質按量交貨，那麼賣方需賠償英商損失費 10 萬港元。

一個月內，茂隆皮箱行經理馮燦如期向英商交貨。然而威爾斯卻大言不慚地說，皮箱夾層使用了木板，因此這批貨不是皮箱，要求茂隆重做「真正的皮箱」。顯然，此時再去做「真正的皮箱」為時已晚，原來製作的皮箱不但要積壓下大部分資金，還要平白無故地賠償 10 萬元損失費給英商。馮燦經理怒不可遏，但面對威爾斯的無賴行徑卻又無可奈何，多次交涉無效之後，雙方只能訴諸公堂，以求一個公斷。

法庭開庭審理之後，港英法院卻有意偏袒威爾斯，似乎認定馮燦經理已經「犯下」詐騙罪。這時，馮燦委託的律師羅錦文不慌不忙地站起來，冷靜地面對著強詞奪理、氣焰囂張的奸商和貌似公正、心懷私意的法官，隨手從上衣口袋裡

掏出一隻英國倫敦製作的大號金懷錶，高聲問法官：

「法官先生，請問這是什麼錶？」

法官神氣地說：「這是大英帝國的名牌金錶，可是，先生，我提醒你一下，這金錶與本案毫無關係！」

「有關係！」羅錦文高舉金錶，繼續向法庭上的人大聲說道：「這是一塊金錶，尊敬的法官已有定論，恐怕沒有人表示異議了吧？但是，我要問一下，這塊金錶除了黃金之外是不是就沒有其他的成分？這塊金錶除了錶殼鍍了少量黃金之外，內部機件都是金製的嗎？」

法官和威爾斯這才發覺中了「圈套」，但為時已晚，自己言之確鑿的回答早已成為對方最有利、最無可辯駁的證據。在兩人垂頭喪氣之時，羅錦文不失時機地繼續說：「既然金錶中的部件可以不是金子，那麼，皮箱中的部件為何非要全都是皮革呢？很顯然，在這個皮箱真假案中，原告威爾斯純係無理取鬧，存心敲詐而已！」

天理昭昭，眾目睽睽，威爾斯理屈詞窮，法庭也不得不判威爾斯誣告罪並罰款 5,000 元港幣了結此案。

如果在這個案件的審理中，羅錦文一味求理求直，只簡單強調理在己方，那麼雙方就會相持不下，最終只能以茂隆逾期認罰。而他巧妙地避實擊虛，曲迂求勝，以子之矛，攻子之盾，使敵人的弱點和心計悉數暴露出來，從而取得了最終的勝利。

由此可見，一個人要想在紛繁複雜的社交關係中穩居主動，單靠其方 —— 行事原則的公正是不夠的。在適當的時候，以圓滑的手段來處理事情，才可收到事半功倍的效果。

4. 學會因人而異的談話方式

與不同的人都能對話交流，這是一種難得的語言社交藝術。那種不分對象用同一種方式說話的人，是很難受人歡迎的。

學會因人而異的談話方式，就是指與人說話時先要明白對方的個性，他喜歡婉轉，應該說流利的話；他喜歡率直，應該說激切的話；他崇尚學問，就說高深的話；他喜談瑣事，就說淺近的話。一個人如果能掌握語言表達技巧，使自己的說話方式能與對方個性相符，自然能一拍即合。

（1）與老年人談話要謙虛

我們常聽到長輩教育晚輩時說：「我走過的橋比你走過的路還多。」這是很有道理的。老年人雖然接受的書面知識不一定有你多，可是無論怎樣，他的經驗比你豐富得多，因此與他談話時，必須保持謙虛的態度。

人們不喜歡別人說自己年紀大，他們喜歡自己顯得比真實年齡更年輕，或努力獲得一個青年人的活力和健康的樣子，這並非說他們企圖隱瞞他們的年紀。事實上他們或許是

因為自己能生活得很健康而感覺驕傲。

所以當你與一位老年人談話時，你先不必直接提起他的年紀，你只提起他所做的事情，這樣你的話語就能溫暖他的心，而使他覺得你是一個非常令人喜歡的人。

老年人較之常人更易情緒激動，在他們的一生中，他們曾成就過許多值得驕傲的事情，而他們就喜歡談論這些作為。他們常喜歡人家來求教於他和聽他的勸告，喜歡人家尊敬他。因此，你不能使用與年輕朋友談話時所用的那些慣用語。

其實，與老年人談話是很容易的，因為他們很喜歡談話。他們說話常滔滔不絕，你要打斷他，就會顯出粗魯無禮的樣子。因此，有時與他們談話很費時間，可是，只要你用心聽，他們的話是極有裨益的。

（2）與年幼者談話要保持深沉的態度

比你年幼的人，有些思想太超前，有些則知識不及你。在前一種情形下，你和他們談話是毫不覺得困難的。你只需要保持深沉的慎重態度就可以，不要降低你自己的身分。假如你不這樣做，那麼，要再把他的注意力拉回來，就很困難了。還要注意不要給他們機會直呼你的名字，那是很不好的。

不要和他們辯論，也不要堅持你的權利。你只要讓他們都知道，你是希望他們對你有適當的尊敬的。你要知道，人們總是因你自己看重自己才尊重你，尤其是那些比你年幼的人們。

與那些在前輩面前害羞的年幼者交談，你會覺得相當愉快。

你可以談一些他也很感興趣的事物，讓他相信你是從他的立場來觀察事物的，讓他能明了你也有與他一樣年輕的觀念，這樣你們的談話就能很順利地進行下去。你也許已經觀察出，青年人是比老年人更偏執的。

那些崇拜英雄的青年們，常會詢問你對於某些事物的看法，而對這些事物的意見你或許並不比別人高明，那麼你就得仔細應付了。不要打擊他們的理想，不要太直率，不要使自己的話超出自己的知識範圍。一句話，他們是能拆穿你的偽裝的。寧可講他們感興趣的事，把他們牽引過來，不要讓他們把你牽引過去。

（3）與地位高於你的人談話要保持自己的個性

和比你地位優越的人談話時，須維持你自己的獨立思考，不應該做一個「應聲蟲」。若你只說「是」，那麼你有時就會覺得恐懼，這樣的話會使你的上級不悅。

與地位較高者談話必須注意以下幾點：

· 態度要表現出尊敬；
· 對方講話時要全神貫注地聽；
· 不要隨意插話，除非他希望你講話；
· 回答問題要簡練適當，盡量不講題外話；
· 說話自然，不要顯得緊張。

值得一提的是，當你尊敬上級時，也要顯示出你是尊重自己的。

（4）與地位低於你的人談話要莊重

和一個地位低於自己的人談話，比與地位優於自己的人談話容易。然而要談得好，那就不見得簡單了。因為你有機會和他談話時，你會談得太多或太漫不經心，因為你覺得和他談話太簡單，不用多費腦筋，所以你的話會使他產生很隨便的印象。

可是，誰是你的下屬呢？他們只是處於你屬下的地位罷了，他們並不見得能力低弱。

所以，在與地位卑於己者談話時，你應使他覺得你正對他所說的話感興趣，而且你必須請他說話，必須顯得很和藹可親。

與地位低於你的人談話時應注意莊重、有禮、和藹，應避免一種高高在上的態度；讚美他一切完美的工作；講話不得太多；不要太顯親密；不要以你自己優越的地位來阻止他。

（5）與女性談話要以對方為中心

女人在思考時更為個性化。人開始談起一件事物，能一直談到完結而不出題外；女人談論事物，會不知不覺談到某人的長短上去。人能一般地談論人們；而女人則只談論幾個特別的人物。人能談到其他的人；可是當女人在討論他人時，常把自己也談進去。

因此，當你與女性談話時，要是話題以對方為中心，採

取一種可使對方感情增加的談話口氣、態度和方式，那麼，你與她之間的對談，就能很順利而愉悅地進行下去。女人喜歡談她自己、她的家庭以及她的喜好，更喜歡發表她的意見，又喜歡告訴人家她是一個多麼好的人。所以她需要一個好的傾聽者。假使你想用談話來吸引女性注意，那麼你就不要有輕視她的態度。對待她們至少要像對待一個與你有同等智力的人一樣。不要以為她們知道的比你少，或她們的意見毫無價值。這樣，就能迎合她們自重的天性，而使她們覺得與你談話十分快樂。

和女性談話時，你需要先開個頭，然後她就會接下去。詢問天氣；詢問她的一個親戚的健康狀況；詢問書籍、金魚、花草或其他種種事物。總之，是她們所感興趣的。

身為一個人，使你們之間的談話能繼續不輟，是你對自身能力的一種確信。你有你的思想和觀念，不要沉默寡言，但也不要過分深入，不要使內容越拉越遠使人討厭，應時常記住你的談話是在取悅對方。

因人而異的談話方式不僅表現了你的素質與修養，更能讓對方與你在談話中得到相互尊重與信任。所以，對於這一點，人不可不知，不可不學。

5. 學會適度地讚美他人

　　《韓非子》中有一段話，大意是：要適當地讚美別人的優點和長處。這是正確處理朋友之間乃至人與人之間關係的一條重要而實用的法則。任何人都樂意聽好話，聽別人讚美自己的長處和優點，而不願意聽別人直說自己的短處和缺點。

　　俗話說：「打人不打臉，罵人不揭短。」

　　如果一個人想讓對方接受他的觀點或想法，則必須先讓對方能夠靜心傾聽他的想法。如果對方連聽都沒有聽進去，又何談接受不接受呢？而要對方傾聽，則不可使對方產生反感。

（1）真誠的讚美往往會收到理想的效果

　　說話時要注意真誠地讚美對方的優點、長處，使對方心情愉悅，拉近雙方的距離，消除隔閡。然後，再一步步地將自己的想法和盤托出，這樣，就會用話語巧妙地引領對方一層層地聽清你要說的話，而不至於沒聽幾句便火冒三丈，不歡而散。

（2）要適當地讚美別人的優點、長處

　　這種讚美必須是誠心的，而不是為了阿諛奉迎而故意誇大的虛假的讚美。社交時，一個人說話如果能巧妙地實行這一點，對於朋友間的和諧大有裨益。

《論語》上說：「人告之以過則喜。」實際上，這恐怕只有子路與孔子等大聖人才有如此雅量，一般情況下，普通人都不可能做到這一點。大家常說「良藥苦口利於病，忠言逆耳利於行」，但真正能聽得進逆耳忠言的人卻並不多。所以說話時應當靈活，不妨適當說些恭維話。

或許，大家都以為恭維人乃是小人所為，男子漢大丈夫光明磊落，行正身直。事實上，我們都應該清楚一個道理，那就是槍炮或毒藥可以殺死無辜的百姓，是因為它們被壞人利用了，而不是它們本身有什麼不好。正如鴉片會使人喪命，是因為販毒者利用了它，而在藥用裡，鴉片卻可成為很好的麻醉劑和鎮定劑，可以用它來解除病人的痛苦。明白了這個道理，我們就應該承認，恭維作為一種說話的方式，身為人的你也有權使用，而且如果你用得恰當，會收到意想不到的效果。

（3）恭維要注意對象和內容

任何人都在心底有一種希望，年輕人的希望寄託在自身，老年人則把希望寄託在年輕人身上。年輕人當然希望自己前途無量，宏圖大展，所以對其恭維時便須點出幾條，證明他是有潛力的。而老年人自知年老力衰，一切都已成為過去，所謂「好漢不提當年勇」，他們只希望後輩能超過自己，創造出更好的前程。所以，對老年人恭維時，不妨將著

眼點放到他們的晚輩身上，並將老年人與其晚輩比較，指出後輩的長處。這樣抑老揚少的做法，不但不會引起老人的反感，相反地他會很高興。

（4）對於不同人的恭維應有所區別

對待商人，如果恭維他才高八斗、學富五車顯然不行；而對文人恭維他財源廣進，財運亨通更是不妥；對於官員，你若說他生財有道，他定以為你是罵他貪汙受賄。因此要注意區別，同時注意掌握好恭維的分寸。

有一則古老的笑話：

有一個拍馬屁的專家，連陰間的閻羅王都知道了他的姓名，他死後來到森羅殿見閻王，閻王一見到他便拍案大喝：「好刁猾的東西，聽說你是拍馬屁專家，專好拍人馬屁。哼，我最恨像你這樣的！」

那拍馬屁專家趕緊跪地叩頭說：「冤枉啊，冤枉，閻王爺有所不知，那些世間之人都喜歡別人拍他馬屁，我不得不這樣。如果世上之人都能像大王您這樣明察秋毫，公正廉明，那我哪裡還敢有半句恭維？」

閻王聽了這話很高興，直說：「諒你也不敢拍我馬屁。」

閻王讓人拍了還自鳴得意。

這則笑話說的雖是拍馬屁技巧之精湛，但也說明了當一個人說恭維話時要學會拿捏分寸，既不能恭維不足，更不

要言過其實，流於諂媚。將恭維的分寸拿捏好，使對方不知不覺地接受了你的說法，而又不會因為你的恭維而別樣對待你。

當然，恭維要適時適度，不可濫用。否則會使你的朋友對你有別的看法。

《詩經》上說：「謙謙君子，賜我百朋。」還有一句俗話叫做：「拜一拜不見外，禮多人不怪。」

我們這裡說的「禮」並不是封建傳統的諸如「三綱五常，三從四德」等繁文縟節，而是指現代文明社會的禮貌。人與人交往，少不了要有些基本的禮貌，見面問聲好，受幫道聲謝，看似瑣碎平常，但這些我們尤應注意。或許有人會說，朋友之間不必要那麼多禮節。這種想法是有些偏失的，即使是再親密的朋友也應有禮節，這些看似繁瑣的禮數，實際上暗示著豐富的內容，它們代表著你對對方的尊重，代表著你對對方努力的認同。

任何人付出了，總希望得到別人的認同，而這些看似平常的「禮」正恰當地體現了這一點。人們常說：「瓜子不飽暖人心。」所以，一個人在社交中對朋友多點禮貌並不是壞事。當然，我們並不要虛禮，禮多不是濫施禮，這一點，還是要明確區別的。

6. 學會妙語與他人溝通

語言是溝通交往、表達思想的工具，語言表達技巧對社交的成功非常重要。古人形容語言表達的重要性時說：「一言可以興邦，一言可以喪國」，「一人之辯勝過百萬雄師」；英國人說：「天下只有兩件東西最厲害，一是毛瑟槍，一是舌頭。」語言的威力與功效從中可見一斑。

社交中的人應該明白，好的語言表達技巧首先可以準確地表達自己的願望與思想，可以在溝通交往中達到良好的效果。如果不能清楚地表達自己的思想，收不到預期的效果，事情就會變得很糟糕。日常社交活動中常有這樣的事。

有個人做東請四位朋友到家中喝酒，乙、丙、丁三人早到了，甲卻沒來，主人隨口說道：「唉，該來的不來。」乙聽了這話心想：「該來的沒來，莫非我是不該來的嗎？」他拔腿走了。主人不知道自己說錯了話，又說：「不該走的又走了。」丙聽了很不高興：「不該走的人走了，那就是說該走的人是我嘍！」他也一言不發、氣呼呼地走了。主人不明白怎麼回事，還委屈地對丁說：「我又不是在說他。」不料丁也受到了刺激：「莫非是在說我。」於是，勃然大怒，拂袖而去，獨留下主人空對一桌酒席發呆。

對於這個人而言，如果他表達時有點技巧，就不會讓大家不歡而散了。學會用妙語與他人溝通，才能在社交中無往而不

勝。語言表達技巧說白了就是該說的說，不該說的不說；該說時再說，不該說時不說；該怎樣說就怎樣說，不該怎樣說就不怎樣說。說話時要「曉之以理，動之以情，誘之以利」。

7. 求同存異，避免衝突

在人們處世交往中以異見作為交談出發點，只能使雙方的距離越拉越大；而以共同點作為出發點，則很容易出現圓滿的結局。

在一般情況下，人們都喜歡闡述自己的觀點立場，似乎只有這樣才能壓制住對方，使他們不能夠再有相異的見解。其實，這種觀點是極端錯誤的，因為，讓別人遵循你的原則往往是挑起衝突的導火線。如果你足夠聰明的話，就應該盡量避開雙方在同一事件中所持的相異觀點，利用雙方在這一事件中所持的相同觀點而讓對方不斷地回答「是」。只有這樣，才能夠既達到自己的目的，又得到求同存異、避免衝突的效果。

因此，跟別人交談的時候，不要以討論異見作為開始，要以不斷強調雙方所同意的事情作為開始。不斷強調你們都是為共同的目標而努力，唯一的差異只在於方法而非目的。

要盡可能使對方在開始的時候說「是的，是的」，盡可能不使他說「不」。

　　一般而言，「是」是最不容易突破的障礙，當一個人說「不」時，他所有的人格尊嚴，都要求他堅持到底。也許事後覺得自己的「不」說錯了；然而，他必須考慮到寶貴的自尊！既然說出了口，他就得堅持下去。因此一開始就使對方採取肯定的態度，是最最重要的。

　　懂得說話的人都能在一開始就得到一些「是的」反應，接著就把聽眾心理導入肯定方向。就好像打撞球，從一個方向打擊，它就偏向一方；要使它能夠反彈回來的話，必須花更大的力量。

　　這種心理模式很明顯。當一個人說「不」，而本意也確實否定的話，他所表現的絕不是簡單的一個字。他身體的整個組織 —— 內分泌、神經、肌肉 —— 全部凝聚成一種抗拒的狀態，通常可以看出身體產生一種收縮或準備收縮的狀態。總之，整個神經和肌肉系統形成了一種抗拒接受的狀態。反過來說，當一個人說「是」時，就沒有這種收縮現象產生，身體組織呈現前進、接受和開放的態度。因此開始時我們愈能造成「是，是」的情況，就愈容易使對方注意到我們的終極目標。

　　這種「是的」反應是一種非常簡單的技巧，但是被很多人忽略了！一般來說，人們若一開始採取反對的態度，似乎就能得到他們的自尊感。激烈派的人跟保守派的人在一起時，必然馬上使對方憤怒起來。而事實上，這又有什麼好處

呢？如果只是希望得到一種快感，也許還可以原諒，但假如想要達到什麼目的的話，他就太愚笨了。

一名學生，或顧客，或丈夫，或太太，在一開始就說「不」的話，你需要天使的智慧和耐心，才能使這一否定的態度轉變為肯定的態度。

以擅長說服別人而著名的大思想家、被人們稱為「雅典的牛虻」——蘇格拉底，雖然常打著赤腳，卻在 40 歲禿頭的時候娶了一個 19 歲的女孩子。他做了一件歷史上只有少數幾個人才做得到的事：他徹底地改變了人類的思潮。而現在，在他死後 23 個世紀，他還被尊為在這個爭論不休的世界中最卓越的口才家之一。

他贏得尊敬的方法是什麼？他是否對別人說他們錯了？沒有，他太老練了，不會做那種會誘發衝突的傻事。他的整套方法，現在稱之為「蘇格拉底反詰法」，以得到「是，是」為根據。他所問的問題，都是對方所同意的，他不斷地得到一個又一個同意，直到他擁有很多的「是，是」。他不斷地發問，直到最後在不知不覺中，他的對手發現自己所得到的結論，正是他在幾分鐘之前堅決反對的。

所以，一旦當我們自作聰明地對別人說他錯了的時候，不要忘了赤足的蘇格拉底。想避免衝突，我們只能像他那樣，在眾多的相異觀點中發現並提出一個雙方都能接受的溫和問題，一個能得到「是，是」反應的問題。

8. 給尷尬之人一個臺階下

　　給人一個臺階等於自己向前走了一步。在任何時候，給人一個臺階就相當於給了自己一個機會。

　　生活中隨處可遇到尷尬事，處於尷尬境地的人一定會覺得顏面盡失，在這個時候如果你能為他找一個臺階下，不但能立刻博取對方的好感，而且也會為你建立良好的社交形象。

　　顧全別人的面子，給人一個臺階下，這在人際交往中至關重要。然而現實生活中很少有人考慮到這一點！往往是為了自己的目的，我們橫暴地對待別人的感情，挑刺，恐嚇，當著別人的面批評孩子而從未想到這會傷害他們的自尊心；大庭廣眾之下，毫無顧忌地揭他人之短而從不為對方著想……這是多麼失敗的人際關係行為！殊不知，自己的進步與成功需要隨時隨地給別人一個臺階。

　　卡內基說：「在說話時能不能給對方一個臺階下是一個人教養和品格的體現。許多人不重視這一點，得理不饒人、把別人的臉面弄得很不光彩，這其實對他並無好處，他就是為一時的痛快，使對方下不了臺。」

　　卡內基曾在銀行裡工作過許多年，因而深知這一點的重要性，他從來都不會不給別人臺階下。

　　卡內基也很了解某些人的心理。他說：「某些人在犯了

錯誤或者被上司解僱以後仍需要一種重要感和認同感。儘管他意識到了錯誤，他還是需要別人肯定他的成績。所以在你批評他人時，盡量把話說得委婉些，並採用蜻蜓點水式的言語來點醒他。請注意一點，你首先要提的是他的成績和重要性。」

請記住卡內基的話吧：我們沒有權力去貶低別人，沒有權力去傷害別人的自尊心，傷害他人的尊嚴是一種罪過。

重要的不是我們怎麼看別人，而是對方如何看待他自己，在批評別人時，為什麼不能給人一個臺階呢？

因此，在社交場合中，一定要給別人面子和「臺階」，因為此時他的自尊心和虛榮心都特別強烈，如果你能幫他保住面子，維護尊嚴，他會對你產生非比尋常的好感。而這對於你的今後，會產生深遠的影響。

適應他人，幫助他人，然後被人適應，受到別人的愛戴與支持，這是人在這個競爭社會裡的立足之本，更是實現個人成功的必備方法之一。試想，如果連周圍接觸的人都適應不了，又如何能夠受人愛戴與尊重？又如何能獲取別人的幫助與支持？又如何能夠實現競爭與合作以獲得成功人生呢？

記住，給人一個臺階下，你會發現自己向前走了一步。

9. 用諒解之水熄滅爭論之火

多一份爭吵，就是在自己成功的道路上多挖掘了一道陷阱；多一份寬容，就是在自己的生命天空中多增加了一道彩虹。

日常生活中，我們經常會發現，用爭鬥來對抗爭鬥的結果往往是引起更大的衝突。如果你也意識到了這一點的話，那麼你想不想擁有一個神奇的短句，可以阻止爭論，去除不快，創造善念，並能使他人專注傾聽？

想？好極了。底下就是方法。以這樣開始：「我一點也不怪你有這種感覺。如果我是你，毫無疑問的，我的想法也會跟你一樣。」

像這樣的一段話，會使脾氣最壞的老頑固軟化下來，而且你說這話時，應當有百分之百的誠意，因為如果你真的是那樣的人，當然他的感覺就會完全和你一樣。以艾爾·卡彭為例。假設你擁有艾爾·卡彭的軀體、性情和思想，假設你擁有他的那些環境和經驗，你就會和他完全一樣 —— 也會得到他那種下場。因為，就是這些事情 —— 也只有這些事情 —— 使他變成他那種面目。

例如，你並不是響尾蛇的唯一原因，是你的父母並不是響尾蛇。你不去親吻一隻牛，也不認為蛇是神聖的，唯一原因，是因為你並不出生在恆河河岸的印度家庭裡。

你目前的一切，原因並不全在於你 —— 記住，那個令你覺得厭煩、心地狹窄、不可理喻的人，他那副樣子，原因並不全在於他。為那個可憐的傢伙難過吧！可憐他，同情他。你自己不妨默誦約翰·戈福看見一個喝醉的乞丐蹣跚地走在街道上時所說的這句話：「若非上帝的恩典，我自己也會那樣子。」

如果你肯認為明天你所遇見的人中，有四分之三都渴望得到同情；給予他們同情，他們將會愛你。

戴爾·卡內基有一次在電臺發表演說，討論《小婦人》的作者露意莎·梅·奧爾柯特。當然，卡內基知道她是住在麻州的康科特，並在那裡寫下她那本不朽的著作。但是，戴爾·卡內基竟未加思索地，貿然說出他曾到新罕布夏州的康科特，去憑弔她的故居。如果卡內基只提到新罕布夏一次，可能還會得到諒解。但是，老天！真可嘆！卡內基竟然說了兩次。無數的信件、電報、短函湧進他的辦公室，像一群大黃蜂，在戴爾·卡內基這完全沒有設防的頭部繞著打轉。多數是憤慨不平，有一些則侮辱他。一位名叫卡洛妮亞·達姆的女士，她從小在麻州的康科特長大，當時住在費城，她把冷酷的怒氣全部發洩在卡內基身上。如果有人指稱奧爾柯特小姐是來自新幾內亞的食人族，她大概也不會更生氣了，因為她的怒氣實在已達到極點。卡內基一面讀她的信，一面對自己說：「感謝上帝，我並沒有娶這個女人。」卡內基真想

寫信告訴她，雖然自己在地理上犯了一個錯誤，但她在普通禮節上犯了更大的錯誤。這將是他信上開頭的兩句話。於是卡內基準備捲起袖子，把自己真正的想法告訴她。但最終他沒有那樣做。他控制住自己。他明白，任何一位急躁的傻子，都會那麼做 —— 而大部分的傻子只會那麼做。

他要比傻瓜更高一籌。因此卡內基決定試著把她的敵意改變成善意。這將是一項挑戰，一種他可以玩玩的遊戲。卡內基對自己說：「畢竟，如果我是她，我的感受也可能跟她的一樣。」於是，卡內基決定同意她的觀點。當他第二次到費城的時候，就打電話給她。他們談話的內容大致如下：

卡：某某夫人，幾個禮拜以前您寫了一封信給我，我希望向您致謝。

達：（有深度、有教養、有禮貌的口吻）是哪一位，我有此榮幸和您說話嗎？

卡：您認識我。我名叫戴爾·卡內基，在幾個星期以前，您聽過我一篇有關露意莎·梅·奧爾柯特的廣播演說。我犯了一個不可原諒的錯誤，竟說她住在新罕布夏州的康科特。這是一個很笨的錯誤，我想為此道歉。您真好，肯花那麼多時間寫信指正我。

達：卡內基先生，我寫了那封信，很抱歉，我只是一時發了脾氣。我必須向您道歉。

卡：不！不！該道歉的不是您，而是我。任何一個小學

生都不會犯我那種錯誤。在那次以後的第二個星期日，我在廣播中道歉過了，現在我想親自向您道歉。

達：我是在麻州的康科特出生的。兩個世紀以來，我家族裡的人都會參與麻州的重要大事，我很為我的家鄉感到驕傲。因此，當我聽你說奧爾柯特小姐是出生在新罕布夏時，我真是太傷心了。不過，我很慚愧我寫了那封信。

卡：我敢保證，您傷心的程度，一定不及我的十分之一。我的錯誤並沒傷害到馬薩諸塞州，但卻使我大為傷心。像您這種地位及文化背景的人士很難得寫信給電臺的人，如果您在我的廣播中再度發現錯誤，希望您再寫信來指正。

達：您知道嘛，我真的很高興您接受了我的批評。您一定是個大好人。我樂於和您交個朋友。

因此，由於卡內基向她道歉並同意她的觀點，使得達姆夫人也向他道歉，並同意他的觀點。卡內基很滿意，因為他成功地控制了怒氣，並且以和善的態度，來回報一項侮辱。卡內基終於使她喜歡自己，因此得到無窮盡更真實的樂趣，如果他當時怒氣衝衝地叫她滾到一旁，跳到斯庫爾基爾河去自殺，那一切都免談了。

S·胡洛克可能是美國最佳的音樂經紀人。幾十年來，他一直跟藝術家有來往 —— 像查理亞賓、伊莎朵拉·鄧肯，以及拔夫洛華這些世界聞名的藝術家。胡洛克先生告訴人們，他和這些脾氣暴躁的明星們接觸，所學到的第一件事也是他

日後成功的原因之一，就是必須學會同情與諒解，對他們那種荒謬的怪癖更是需要同情。只有這樣，才能避免無謂的爭辯。而爭辯常常壞了很多大事。

胡洛克曾擔任查理亞賓的經理人三年之久 —— 查理亞賓是最偉大的男低音之一，曾風靡大都會歌劇院。然而，他卻一直是個問題人物。他的行為像一個被寵壞的小孩。以胡洛克先生的特別用語來說：「他是個各方面都叫人頭痛的傢伙。」

例如，查理亞賓會在他演唱的那天中午，打電話給胡洛克先生說：「胡先生，我覺得很不舒服。我的喉嚨像一塊生的碎牛肉餅，今晚我不可能上臺演唱了。」胡洛克先生是否立刻就和他吵了起來？哦，沒有。他知道一個經紀人不能以這種方式對付藝術家。於是，他馬上趕到查理亞賓的旅館，表現得十分同情。「多可憐呀，」他會很憂傷地說，「多可憐！我可憐的朋友。當然，你不能演唱，我立刻就把這場演唱會取消。這只不過使你損失一點錢而已，但跟你的名譽比較起來，根本算不了什麼。」

這時，查理亞賓會嘆一口氣說：「也許，你最好下午再過來一趟。五點鐘的時候來吧，看看我那時候覺得怎麼樣。」

到了下午五點鐘，胡洛克先生又趕到他的旅館去，仍舊是一副十分同情的姿態。在胡洛克的感化下，查理亞賓又再度嘆口氣說：「哦，也許你最好待會兒再來看看我，我那時候可能好一點了。」

到了七點三十分，這位偉大的男低音終於答應登臺演唱了。他要求胡洛克先生走上大都會的舞臺時要宣布，查理亞賓患了重傷風，嗓子不太好。胡洛克先生就撒謊說，他會照辦，因為他知道，這是使這位偉大的男低音走上舞臺的唯一方法。

記住這些成功人士的行為吧！不要在爭論面前擺出一副不甘示弱的架勢，也不要讓無謂的爭論羈絆住你成功的腳步，只有同情和諒解才能有效地化解紛爭。

四、精於社交，擴展人脈有智慧

1. 提高自己的社交能力是根本

　　這個世界上，天生就讓所有人喜歡的人恐怕還沒有出生。我們所能做到的便是：努力讓自己被他人所喜歡。

　　社交能力與社交經驗的關係非常密切，如果您想增加自己的社交經驗，就要在實踐中多加練習，並且注意運用一些有效的社交技巧，那麼最後你也就能夠提高自己的社交能力。社交能力的改善，能夠幫助人們釋放不必要的心理能量，最後使生活品質得到改善。

　　有些人認為社交能力是與生俱來的特質或屬性。譬如，一個社交能力高的人天生較外向、善於社交。要改變社交能力實在比移山更為艱難。所謂「江山易改，本性難移」。但多數的心理學家並不贊同這種看法。相反地，他們認為只要能辨認出可以預測社交能力的因素，便可以設計一些課程來培養這種能力。

　　要有效地提高社交能力，可從兩方面入手，一是提高對社交情境的判斷力，一是提高對其他人心理狀態的洞察力。

　　對環境的判斷力是社交能力的一個重要組成部分。一個人如果能夠對情境間的細微不同之處加以區分，往往更能掌握社交環境的變化而做出合宜的行為，以適應不同性質、千變萬化的環境。

　　研究顯示：環境分析能力高的人，其社交能力也高。

在與父母、師長、朋友和不喜歡的人交往時，他們能較順利地完成交往目標，並能較快地改進雙方的交情。也有證據顯示，環境分辨能力高的人，具有較多愉快的交往經驗，而他們也較少出現抑鬱的情緒。較高的環境分辨能力使人在追求目標時，懂得審時度勢，既能夠完成自己的目標，也不會使別人難堪。

洞察別人的心理狀態也是社交能力重要的一環。某一些人看到別人的行為時，不嘗試去了解對方做事時的處境和感受，而是馬上從行為上去判斷對方是一個怎樣的人。這種重判斷而輕了解的取向，是社交能力發展的一大障礙。

比如，有這樣一個很有意思的遊戲：主持人開始的時候偷偷地告訴第一位遊戲參與者一句話，然後請他重複告訴第二個人，接著請第二個人告訴第三個人，以此類推。結果就會發現，在轉述過程中，有些人會自發地加入一些對其中涉及的人或者事的判斷，而有些人則按照自己的喜好，主動地對內容進行修飾。這個遊戲的最後總是引起觀眾的哄堂大笑，這也會讓每個參與遊戲的人感到驚詫，很多人便開始對此沉思。

總括而言，要增強個人的社交能力，一方面要提升對自己及別人的需求、思想、感受的洞察力，另一方面亦要細心觀察不同的情境和人物，分辨其中的不同之處並加以分析理解，以加強對千變萬化的社交環境的掌握。雖然心理學家認

為社交能力是可以訓練的，但要真正地提高社交能力，實在不是一件容易的事，亦非一朝一夕可以做到。成功與否最終取決於一個人的動機、決心、努力與恆心。

2. 建立自己的「朋友檔案」

俗話說：「一個好漢三個幫」。只有平時多交朋友，並建立一個朋友檔案，才不會「友到需時方恨少」！

友誼是一種生長緩慢的植物，它只有嫁接在彼此熟識、互相敬愛的枝幹上才會枝繁葉茂。

不知你有沒有這種體驗，「人到用時方恨少」，如果曾經有過，那麼就要趕緊行動，亡羊補牢。一個人應該廣交朋友，俗話說，「多一個朋友多條路」。朋友多了，辦事就很方便順利。有些人平時也喜歡交友，但到了真正需要時卻手忙腳亂，甚至一個朋友也找不到。看來你現在就要做一件事情 —— 建立一個朋友檔案。

不管你是否喜歡交朋友，一個人一生中都離不開朋友，這些朋友有的會成為你的至交，有的只是與你保持一種連繫，也有的後來斷交。當然，交友是不能勉強之事，你無法勉強自己，也不能勉強對方，否則你們都無法建立友情之鏈。有時當我們交友時，難以一下子就斷定你們能交往得多密切，並且能持續多久，但不管怎樣，你都可以採取一種更

有彈性的做法，投緣也好，不投緣也好，通通將他們納入你的「朋友檔案」！

如何建立自己的「朋友檔案」呢？其實做法很簡單。

首先，你可以把上學時的同學資料整理出來，做一個紀錄，畢業幾年甚至幾十年後，你會有很多同學分散在各種不同的行業，有的一定已經略有所成，當你需要幫忙時，憑著你們原來的同窗關係，他們一定會幫你忙的。這種同學關係還可從大學向下延伸到高中、國中、小學，如能充分運用這種關係，這將是你一筆相當大的資源和財富。當然，要建立起這些同學關係，你平時得經常與同學保持連繫，並且隨時注意他們對你的態度。

其次，建立你身邊的朋友的資料，對他們的專長做個詳細紀錄。他們的住所、電話、工作等。工作變動時，也要在你的資料上隨時修正，以免需要時找不到人。

同學和朋友的資料是最不能疏忽的，你還可以在檔案中記下他們的生日，並在他們的生日時寄上一張賀卡，或請對方吃個飯，這樣你們的關係一定會突飛猛進。平時注意保持這種關係，到你有事相求時，他們一定會盡力相助，萬一他們自己做不到，也可能動用自己的關係網幫忙你。

另外還有一種「朋友」也不能忽略，那就是在應酬場合中認識的，你們只交換過名片，更談不上交情。這種「朋友」面向很廣，各行業各階層都有，你不應把這些名片丟

掉，應該在名片上盡量記下這個人的特徵，以便再見面時能
「一眼認出」。最重要的是，名片帶回家後，要依姓氏或專
長、行業分類保存下來。你不必刻意去結交他們，但可以找
個理由在電話裡向他們請教一兩個專業問題，話裡自然要提
一下你們碰面的場合，或你們共同的朋友，以喚起他對你的
印象。有過一二次「請教」之後，他對你的印象也會加深。
當然，這種「朋友」不一定能幫你什麼大忙，因為你們沒有
進一步的交情，但幫點小忙也許對他們來說是舉手之勞。再
說，你也不可能天天有很多要事去求人幫忙，很多情況下就
是點小事。

　　現代社會，很多人開始使用電腦辦公，因此你也可以用
電腦建立一個朋友檔案。也有人用筆記簿，還有人用名片
簿，這些都各有長處，不管你使用什麼方法，在建立檔案
時，有幾點你必須記住：每個朋友對你都有用處！

　　每個朋友都不可放棄！

　　每個朋友都要保持一定的連繫！

　　總是在自己需要幫助時才想起朋友的人，其實是最不夠
朋友的人。做朋友就應當時時心想起，經常聯絡，這樣，你
的朋友就會越來越多。

3. 多參加社會活動，廣結各類人士

人緣不是鳥兒，不會自動飛來。要建立一個人脈關係網，你必須積極主動。光有想法是不夠的，必須將它化為行動。

這個世界上，在各方面都有許多出類拔萃的人物，他們的影響是非同小可的，必須利用與他們接觸的機會和他們建立良好的關係，這對你的前途有時候至關重要。不要等待，一味地等待只能使你錯失良機，絕對不可能使你建立良好的人際關係，你應該積極地一步一步地去做，不要覺得不好意思。

在各個場合，你有許多接觸他人的機會。如果你想接近他們，讓他們成為你人際關係網中的一員，你必須付出像那些西方議員一樣的努力。假如你到一個新的環境，如機關、企業、學校等，在彼此都不認識的時候，你要主動「出擊」，以真誠友好的方式把自己介紹給別人。

如果你想多結交一些朋友，就應該主動地了解對方的志趣愛好。你可以透過許多方式得到這方面的資訊，與其相處時累積一些有關他的情況，你可以透過他的朋友了解他的為人處世，也可以透過他的一些個人資料來了解他。

曾有一位記者，當他要結交新朋友時，總是想方設法知道他們的生日。他先是請教這些人，問他們生日是否會影響一個人的性格和前途，並藉機叫對方把生日告訴他，然後他

悄悄地把他們的生日都記下，並在日曆上一一圈出，以防忘記。等這些人生日的時候，他就送點小禮物或親自去祝賀，很快的，那些人就對他印象深刻，把他視為好朋友了。

人與人交往中也會出現一些社交的好機會。多結交一些有益的朋友，多會見一些成功的前輩，會轉變你一生的機運。

「獨木難支大廈」，朋友在關鍵時刻幫你一把，可能會直接導致你事業的成功。所以，要時刻注意能結交人緣的好機會，你對此必須有所準備，因為機遇是一件捉摸不定的寶貝，只留給有準備的人。

比如有朋友請你去參加一個生日聚會、舞會或者單純聚一聚，你不要因為自己手頭事忙，一時懶得動身，如果不是另有十分要緊的事，這些場合就是你結交新朋友的好機會。又如新同事約你出去逛街或者看電影，最好也不要隨便拒絕，這是一個發展關係的好機會。

不過，你也不要以為機遇會像一個到你家來的客人，在你家敲著門，等待你開門讓他進來。許多失敗者常常以自己沒有好機遇為藉口，這只能使他們再次嘗試失敗的痛苦，殊不知，人際關係中的機會也需要主動去創造。

如果你想和剛認識的朋友進一步發展關係，你可以請他到你家做客，如果你想追求一位異性朋友，你更得挖空心思尋找機會和藉口跟她或他接觸。又如你想和多年未見的老同學重溫舊情回首往事，你可以試著辦一次同學會。

　　人與人之間接觸越多，距離就可能拉得更近。這跟我們平時看一個東西一樣，看的次數越多，越容易產生好感。我們在廣播、電視中反覆聽、反覆看到的廣告，久而久之也會在我們心目中形成印象。所以社交中的一條重要規則就是：找機會多和別人接觸。

　　如果要成功地找到和一個人接觸的機會，你必須對他的作息、生活安排有所了解。對方什麼時候起床、吃飯、睡覺，什麼時候上班、回家，從這些訊息出發再確定跟對方接觸。如果打電話對方卻不在或者去找他時他正好很忙，這種場合都是不恰當的。因此，詳細掌握對方的工作安排、起居時間、生活習慣，看準對方最想找人聊天或最需要的時候去打交道，很容易獲得成功。

　　一旦和別人取得連繫，建立初步關係之後，你還不能放鬆，最好抓住機會深入交往。社交中往往會有兩種無可非議的目的——直接的和間接的。直接的無非就是想達成某項交易或有利事情的解決，或想得到別人某方面的指導。如果並不是為了當面解決問題或利益關係，只是為了和對方加深關係，增進了解，以使你們的關係長期保持下去，可視為間接的目的。無論你想達到什麼目的，你最好有意識地讓對方明白你的社交目的，如果對方不明白你的社交意圖，會讓他產生戒備心理：這人和我打交道有什麼目的呢？那樣就很難跟對方深入交往下去。

4. 利用牽連關係擴展人際交往

朋友介紹朋友，同學介紹同學，這就是牽連關係帶來的人緣效應。要想不斷擴大自己的人際關係，就應當有效地利用牽連關係。

要想認識更多的人，你必須接觸他們，而想跟他們建立良好的關係，你要花更多的時間、精力。不過，盡快建立一個好人緣比較省事的方法是利用你現有的人際關係網，以這張網為基礎進行「編織」，你的網會擴大得很快，這就和蜘蛛織網相似，在舊網上織一個新網總要比重新編織快得多。

人與人之間的相識、交往，不可能憑空進行。總是因為某個偶然的機會，或者因為學習、工作等把天南地北，五湖四海的人吸引到某一空間從事某一活動，由於交往的頻繁往復，人們就相互認識了。也許這些就是緣分。如果你懂得珍惜這種緣分，學會利用這種緣分，那麼你很快就能建立一個好人緣。

那麼如何掌握這種緣分呢？下面告訴你一些好方法。

（1）應用「同鄉」關係

華人有很重的鄉土意識。住在某一地區的人們往往會受那個地區環境的影響而形成具有地方特色的風俗習慣、禮儀人情，從而孕育絢麗多姿的各民族、各地區的特色文化，包括語言、服飾、生活方式等等，各地區的文化往往成為那個

地區人們生命力、凝聚力、親和力的紐帶。

當你身處異地，忽然發現自己土生土長，跟隨了自己、縈繞在耳邊十幾年的語言失去了交流的功能時，你才深刻體會到自己處在一個完全陌生的城市，再也不能用以前的那一套方式去和周圍的人相處了，我們必須「脫胎換骨」。

「美不美，鄉中水；親不親，故鄉人」，當我們在異地碰上同鄉時，共同的鄉土文化會立刻把我們拉在一起，用自己的語言談起家鄉的山水人物，那是多麼美好的時刻。所以，利用「同鄉」關係建立人緣那是很自然的事。

當你身處大城市，初次和人打交道時，在適宜的場合，不妨問一下對方的家鄉。如果真的碰到你的「同鄉」，那你們的交往可以很順利地進展下去，你們很快就可以找到有關家鄉的話題。如果你的社交能力強，你很快可以成為他親密關係網中的一員，然後再利用他的關係，在他的介紹下，一定可以很快地塑造好人緣。清朝時京城設有各地區的「同鄉會館」，這對初來乍到的「遠方來客」是個極好的求助之地。

（2）應用校友關係

如果你是大學畢業生，算一算，從小學到大學你可以有多少同學？按照現在通行的十二年義務教育制，再加四年大學，這 16 年的正規教育時間，按保守的數字計算，你的同學

可能不下 200 人。200 人，一個多麼可觀的數字，但又請你仔細算算：這 200 人中，和你保持經常連繫，具有良好關係的人又有多少？少於 10 人？10 人？多於 10 人？20 人？20 人以上？也許這樣一算，你自己都會覺得可惜，因為幾年、十幾年前跟你一起坐在同一教室裡，在同一老師的教導下唸著同一本書的「同窗」，你可能記不起他們的名字了，甚至他們現在在哪裡都杳無音信！

所以，同窗之情、同師之誼是很值得珍惜的。儘管十幾年前的同學彼此見面時再也見不到小學時的純真，國中時的意氣風發；儘管彼此可能身處不同的社會職位，但無論扮演什麼角色，在幾年、幾十年前，你們在同一個小小的舞臺 —— 學校裡扮演過同一角色 —— 學生。回想起當年的學習生活，人物「典故」，誰能不為之興奮激動？所以如果你有心，無論你現在的事業成不成功，你可以找一個適當的時間（一般是節日，最好的時間是春節期間）辦一次同學會，當然籌備會花很多時間精力，但這是一項很有價值的工作。在同學會上，你可以追尋往昔的難忘歲月。雖然未必有「往昔崢嶸歲月稠」，但至少你們可以找回那段共有的美好時光。還有，如果你的同學建議舉辦同學會或請你參加，你務必要全力以赴盡可能地參加。如果未能赴會，可能會成為你一生中很大的遺憾。而對你的人際交往來說，也是一筆巨大的損失。

對一位大學畢業生來說，龐大的同學關係簡直就是巨大的財富。因為大學的學生來自四面八方，在大學校園裡，你可以接觸到五湖四海各具特色的同學，甚至世界各地的人，這對擴展你的知識面，撒開人際網是個極為有利的條件。

在交往過程中，首先要知道對方畢業於哪些學校。無論是大學、高中、國中甚至小學，只要能找到一個「同類項」，你就可以和他「合併」出許多談話的話題。如果得知你和對方畢業於同一大學，就可以堂堂正正地介紹自己的系別、學歷，開始與對方社交，而後透過他這個管道也許能夠不斷擴大校友範圍。

除了同鄉關係、同學關係之外，還有諸如同事關係、旅遊中的同伴關係等等。這些都可以成為我們擴展人際交往的橋樑。

5. 攀親帶故，使陌生變得熟悉

如果你與對方是同鄉關係，用「攀親帶故」的方法加深彼此間的關係，會為你的拜訪抹上一層濃郁而親切的鄉情。

攀親結交的技巧並不複雜，首先應當在與人初次見面時，運用各種方法拉近與對方的感情距離。感情拉近了，陌生自然會變得漸漸熟悉起來。

故鄉，無論是富庶還是貧窮，都給人一種特有的情感。

那裡有童年的夢幻，慈母的恩情；那裡有父老的希望，兄弟
的純真……

　　大鋼琴家蕭邦說，他出國時攜帶的唯一貴重物品是家鄉
的泥土，顯示了人們對故鄉懷有特殊的親切感。拜訪中的攀
親帶故，就是用這種美好的情感，去創造有利於達到目的的
心理環境。

　　拜訪對方時要懂得利用寒暄，它是人們之間，尤其是陌
生人見面時的必要媒介，能為人們搬走產生阻隔的山巒。寒
暄，更為分秒力爭者贏得必要的準備時間、積聚進攻或防守
的力量，為拜訪雙方驅走冬日的餘寒。因此，寒暄並不是使
人「寒」，而是給人「暖」。

　　異域一相逢，便勝卻往日無數。在客地他鄉，遇到一位
「本是同根生」的故人，多麼令人激動。

　　攀親帶故，在一定場合和情景下，可使陌生變得熟悉，
疏遠變得親近，冷淡變得親熱，拒絕變成悅納，阻撓變成支
持。善於攀親帶故的人，容易與人產生共鳴，容易找到共同
語言，也更容易得到幫助，它與互話家常同樣發揮著縮短心
理距離的作用。

　　親者，近也；故者，舊也。親與故，往往給人一種美好
的回憶和情緒體驗。心理學家認為，一個人對同一事物在不
同地點很可能產生不同的情感，而環境影響往往是制約情感
和情緒的重要因素。攀親帶故，正是在不同環境裡選擇了相

同的「親」、「故」之景，自然也就縮短了你和對方的心理距離。這也是一種與陌生人交往的藝術。

6. 和陌生人交往的特別招式

接人待物一回生，兩回熟。只要能突破瓶頸，與他人建立關係，日久天長，雙方的關係自然會日益密切起來。

交往須掌握一定的技巧，這些技巧，雖很簡單，但在與生人的交往中往往能產生特別的效果，迅速拉近雙方的距離。

（1）製造自然接近對方身體的機會

每個人都將自己身體四周視為勢力範圍，而在勢力範圍內，通常只能允許親近之人接近。如果允許別人進入你的身體四周一定範圍中，就會有種已經承認和對方有親近關係的錯覺，這一點對任何人來說都是相同的。

此外，某雜誌中刊登過這麼一則標題，就是「手放在你肩膀，我們已是情侶」。的確，本來一對陌生的男女，只要能把手放在對方的肩膀上，心理的距離就會一下子縮短，有時瞬間就成為情侶的關係。推銷員就常用這種方法，他們經常一邊談話，一邊很自然地移動位置，挨到顧客身旁。

因此，只要你想與交往的對象及早建立親密關係，就應製造出自然接近對方身體的機會。

（2）對初次見面的人，最好坐在對方旁邊

坐在初次見面的人對面談話，真是一件不好受的事。這是因為兩人的視線極易相遇，因而導致兩人之間的緊張感增加。

一位富豪曾經談起，如果有他不願意借錢的人向他開口，他就會和他面對面交談。因為這樣談話會使對方緊張而不敢亂開口，即使借了也不敢不還，相反地借錢不還的，都是坐旁邊位置談話的人。

與人交談時坐在旁邊的位置，自然就會輕鬆下來，這是因為不必一直意識到對方的視線，只在必要時與他視線接觸即可。通常，比較重要的見面，都會為了使對方不緊張，並且令對方說出真心話而使用了各種辦法，其中之一就是在室內放一盆花，如此便能有一個讓對方轉移視線的對象。另外，就是坐在對方旁邊的位置與之交談，對親近感的增加很有幫助。

（3）見面時間長不如見面次數多

在人際關係方面，使對方產生親近感，也就是給予對方好印象的基本條件。而要滿足這項條件，利用「分散效果」，可說是給對方強烈印象的最好方法了。

一般而言，整夜在一起喝酒的朋友，和長時間交往的朋友相比，乍看之下好像前者的人際關係較穩固，但實際上，

這種關係如不加以持續，那麼兩者之間的交情就會愈來愈淡，這一點是顯而易見的。譬如有人問你：「你和某人的關係如何？」而你回答：「我見過一次」和「偶爾會見面」，那麼給人的印象就不同了，而「常見」這個回答就更不同了。道理顯而易見，見面的次數和兩人之間的親近度是成正比的。

五、善於溝通，搭建人際關係網

1. 真誠是人際交往最基本的要求

史蒂芬‧柯維指出：真誠是人際交往的最基本要求，所有的人際交往的方法、技巧都應該是建立在真誠交往的基礎之上的。

一個人如果虛偽奸詐，往往會在政治上成為兩面派，在社會上成為圖利棄友的市儈小人，這樣的人是沒有朋友的。交友如果不交心，一切都不會長久。誠實的人才是可以信任的人。

只有真誠，才會使你獲得真正的朋友，在複雜的人際交往中立於不敗之地。想要獲得知己，必先以真誠待人。你如能先給人一點點溫暖，就可在茫茫人海中找到知己。把交友當經商般的經營，確有其人，但路遙知馬力，日久見人心，朋友絕不會永遠充當你的工具。

那麼，怎樣才能做一個真誠的人呢？那就是一切都得從平時的小事做起。

要做到真誠，不能靠表面功夫。說話表情雖好，而你的內心不誠，至多成為「巧言令色」罷了。對方如不是糊塗之輩，定會看出你的虛偽，因為內心不誠，只憑巧言令色，終有若干破綻被對方看出。相反地，內心能誠，即使拙於辭令，拙於表達，卻能體現出你的樸。誠且樸，效力更大，只要對方對你素無誤會，你的真誠，必能感人。

　　另外，最忌諱的是平時好用欺騙手段。欺騙也許能得一時之利，卻不能維持長久。如果你的欺騙日久為人覺察，那時，即使你真的有誠意，還會被認為是另一種姿態的虛偽。因此，一生不要有一次欺騙。也許你曾遇過這種人，你以真誠相待，他卻以譎詐回報，於是，你便對真誠的效用發生了懷疑。其實，真誠的力量是絕對的。之所以會發生例外，只是由於你的真誠還不足以打動對方的心。因此，你要「先問問自己，而不是在別人身上找原因」，這是用真誠打動人的唯一原則。

　　當然，對方倘若不是深交之人，你也暢所欲言，以快一時，只能顯示你的冒昧和淺薄。真誠本來有三種限制：一是人，二是時，三是地。非其人不必說；非其時，雖得其人，也不必說；得其人與時，而非其地，仍不必說；非其人，你說三分話，已是太多；得其人，你說三分話，正給他一個暗示，看看他的反應；得其人與時，而非其地，你說三分話，可以引起他的注意，如有必要，不妨擇地長談，這並不與真誠相悖。

　　總之，要想使自己成為真誠的人，第一步要鍛鍊自己在小事上做到完全誠實。當你不便講真話時，不要編造小小的謊言，不要去重複那些不真實的流言蜚語。

　　這些戒律看起來是微不足道的，但是當你真正尋求真誠並且開始發現它的時候，它本身的力量就會使你著迷。最

終，你會明白，任何一件有價值的事，都包含有它本身不容違背的真誠內涵。如果你追求它並且發現了它的真諦，你就一定能使自己進一步完善。

爾虞我詐的欺騙和虛偽的敷衍都是對人際關係的褻瀆。真誠不是寫在臉上的，而是發自內心的，偽裝出來的真誠比真正的欺騙更令人討厭。

2. 私欲太重是人際關係的腐蝕劑

史蒂芬・柯維指出：私欲是一生最大的繩索，許多有智慧、有才能的人，他們之所以人生黯淡、很難成功，最主要的一點就是私欲太重。

禁止自私是一種辦不到的理想：我們總是在做我們內心想做的事情。從這個角度說，每個人都是自私的，但自私並不都那麼可怕，可怕的是私欲太盛，利令智昏，時時處處以自己為中心，以損公肥私和損人利己為樂事，一切圍繞著自己思考，以自己為出發點，在滿足一己之私的過程中，不惜損害公益事業，不惜妨害他人利益。這樣的人誰不怕？怕的時間長了，也就如同瘟疫一樣，人們避之唯恐不及；怕的人多了，也就如過街老鼠一樣，人人見之喊打。這樣的人即便是比別人多撈取了一些利益，也不會獲得真正意義上的幸福。如果說，他們也侈談什麼成功，充其量不過是雞鳴狗盜

的成功，沒有任何值得驕傲和自豪的。

「點燃別人的房子，煮熟自己的雞蛋。」英國的這句俗語，形象地揭示了那些妨害他人利益的自私行為。

自私自利者不管是借偷盜、貪汙、索賄或挪用等手段把公共或別人的財產變成自己的財產，還是以權勢獲取地位和榮譽，在別人看來，無疑都是不光彩的。儘管他們有時利用透過卑劣手段獲取的財、權來送人情，收買人心，使這些人不得不感謝和感激他們，但更多的人卻瞧不起他們。儘管他們中還有些人用那些不義之財做為本錢，開公司，做生意，賺了大錢，成就了事業，有的還笑瞇瞇地從事一些慈善之舉，但他們仍然是昧心的一族，雖然法律未審判他們，但受害的大群卻在感情上將他們判了刑、定了罪。

這樣的人，心靈是不會安寧的，所擁有的人生也是一個卑鄙的人生。

這種人在損人利己的時候，只是在物質上、權勢上和榮譽上滿足了自己，暫時得到了一點實惠，而付出的卻是人格和靈魂的代價。由此失去了純潔美好的心地，從本來壯美的人生境界跌到了一堆垃圾上，將不時地嗅到發自靈魂深處的臭氣。這是根本性的損失，永遠不可挽回的損失。這種人即使以後覺悟了而不再見利忘義，但那心靈上沾染的汙點是永遠抹不去的，它將伴隨其終生。

人之為人的根本性存在並不是這團血肉、這副軀體外

殼，而是人之為人的精神、德行、人格的存在。抽去了這些後，人與普通動物也就沒有多大區別了。

自私者損人利己式的小聰明，是一種卑鄙的聰明：是那種打洞鑽空了房屋，而在房屋倒塌前迅速遷居的「老鼠式的聰明」；是那種欺騙熊為牠挖洞，洞一挖成便把熊趕走的「狐狸式的聰明」；是那種在即將吞食獵物時，卻假裝慈悲流淚的「鱷魚式的聰明」。

誠然，在無限的時間和空間裡，每個人都處在一個獨一無二的點上，而每一個人又都是一個完整的世界。關心自己，發展自己，實現自我，是每個人的追求，這沒有什麼不合理，沒有什麼值得非議的。

但是，發展自己，實現自我絕不能建立在損人的基礎之上。沒有私欲是不正常的，有私欲而無度更是不正常的。不損人利己，不唯利是圖，這是最基本的道德私欲標準。

正常地關心自己，發展自己，實現自己，人人都自珍自愛自重。如此，社會才能充滿勃勃生機，充滿歡歌笑語。

因此，關心自己、發展自己和實現自我，不是以損害他人為前提，其最終目的和實際的人生效果應該是為人，為大眾的，他們所追求的是人人為我，我為人人這樣一種良好的人際關係模式。

曾有生物學家指出：動物的基因是自私的，因為基因需要力求生存，當它們與等位基因發生你死我活的競爭時，只

有擊敗對手，犧牲等位基因才有自己生存的權利。人也是動物，人也由遺傳基因發展形成，人之自私大概發源於此。

其實以此論證自私自利的合理性，也同樣是荒謬的。

我們應該知道，人並不是一個僅由遺傳基因發展形成的自然動物，更是一個具有廣泛社會性的文化動物。

如果僅以基因必須自私而心安理得地自私自利，丟棄文化這種「全新的非生物學的」力量，就等於把自己更重要的部分 —— 精神，從軀體上剝除了，剩下的只是一副臭皮。如此一來就會變得毫無人的力量，即使血肉仍附在身軀之上，與普通的動物也沒有什麼區別。

現代社會奉行人人相愛，大家互助，而不是人人搞鬼、互相損害。唯有這樣，才能人人受益。

人人搞鬼，互相損害的社會是一個不可思議的混亂社會。這樣的社會不可能長久存在。

一個社會混亂不堪，哪裡有個人的安寧、幸福呢？

3. 學習和借鑑別人的長處和經驗

史蒂芬‧柯維指出：儘管每個人身上都有難以克服的缺點，但更重要的是每個人身上都有閃閃發光的亮點，我們應該虛心學習別人的長處，借鑑他人的經驗，這才是成功人生的法寶。

向他人學習的第一個最重要的方法是自認無知。

　　對於大多數人來說，這樣做很難。因為人人都有虛榮心，不願意承認自己無知。恰恰是這些虛榮心成了你前進道路上的最大障礙，如果你堅持認為自己是多麼有本事，如何有才能，你的話都可以成為權威和經典，那麼你只能遭到別人的反感和輕視。相反，如果你能承認自己的無知，反而容易引起別人的共鳴，從而得到別人的支持與幫助。一再重複無知的謊言只能讓你越來越被動，越來越出醜，就像「國王的新衣」，受到傷害的只能是你自己。

　　向他人學習的第二個方法是學會傾聽。

　　假若我們能夠認真聽取別人的意見，就能夠從別人的意見裡，發現自己的許多弊端，而這些弊端又是取得成功所必須克服的。所謂「以人為鏡」，正是這個道理。

　　一定要記住：「知道如何聽別人說話，以及怎樣讓他開啟心扉談話，是你制勝他人的唯一法寶。」

　　人的能力畢竟是有限的，必定有許多東西是我們個人所無法了解的，透過傾聽別人的談話，我們可以獲取許多有用的資訊，可以分享他們的知識和經驗。而你所得到的也是別人的好感與支持，哪一個人喜歡別人總是駁斥自己呢？

　　對於大多數人來說，一生中大多數經歷是容易忘懷的，記憶中深深烙下的往往是刻骨銘心的經驗，所以，如果你能有幸傾聽他那最寶貴的東西無疑會極大地豐富自己。

　　學會傾聽，絕對不是一言不發，那樣對方馬上會感覺是對牛彈琴，索然無味。更確切地說，你應該學會引導對方談話，誘導他說出他想表露的一些真實的看法。

　　由於虛榮心理，許多人害怕別人發現自己的不足，害怕會遭到拒絕。要想讓對方開啟心扉，首先應該讓他消除顧慮。一旦別人發現和你在一起很安全，而你又打心眼裡讚賞他時，他便可能向你開啟心扉。每個人都需要有人一起分享感受，可是又害怕一旦向人表白，會得不到共鳴，甚至會被人輕視。假若你相信自己也是自私的，就試著站在對方的立場思考別人對你的冒犯行為。因為人們的基本情感都大同小異，無非愛、恨、恐懼等等，甚至還不時掠過一些罪惡的念頭。接受這些並不可怕，因為這才是人的本來面目。

　　如果能做到這一點，無形之中便贏得了對方的心，因為對方會覺得自己的情感有人理解，便會全力支持你。這對你的成功將造成不可估量的幫助。

　　當然，有一點值得注意，當別人向你傾訴心聲後，往往期待著你能為他保守祕密。你絕對不能以此為條件去要挾他，更不能隨意地把他的經歷告訴別人，一旦發現你粉碎了他對你的信賴，你將會永遠失去他的支持。

　　虛心向他人學習的最重要一條是肯定他人的長處。

　　當我們真心真意地向他人學習時，首先應該對別人的長處加以肯定。如果能夠做到這一點，相信他會把這些東西展

現給你。大多數人都有一種共同的心理，期待別人的肯定和讚賞。所以他不可能對自己的長處加以隱藏，甚至還會加些炫耀的成分在裡面，這些你都大可不必理會，給他一個展現的機會吧，你不僅僅是給了他一個機會，更多的是你得到了他的智慧結晶，這些智慧對你的一生都將有極大的幫助。

還是讓我們再品味一下瑞士民間的那句古語吧：「傻瓜從聰明人那裡什麼也學不到，聰明人卻能從傻瓜那裡學到很多。」

4. 溝通能力：太陽之下的無價之寶

史蒂芬·柯維指出：溝通比抱怨更重要，前者讓你打開成功之門，後者讓你斷絕成功之路。

成功者都懂得人際溝通的技巧。

成功者都非常珍視人際溝通的能力。

美國石油大王洛克斐勒說：「假如人際溝通的能力也是如同糖或咖啡一樣的商品，我願付出比太陽之下任何東西更高的代價購買這種能力。」由此可見人際溝通能力在他心目中的地位。

在現代社會裡，不善於人際溝通，便會失去許多合作的機會；而沒有合作，單靠一個人或少部分人的努力，是不會有真正的成功的。

　　艾科卡是最著名的企業家之一，曾在美國民意測驗中當選為「美國最佳企業主管」。他曾經擔任美國福特汽車公司的總經理，後來卻在克萊斯勒汽車公司瀕臨倒閉時就任總裁。

　　「受命於危難之際」的艾科卡是如何拯救這家奄奄一息的公司，從而創造出為人們所津津樂道的「艾科卡神話」呢？他的法寶之一，就是人際溝通。

　　當時的克萊斯勒公司產品品質不高，債臺高築，求貸無門，人浮於事，「就像一隻浸水的船在波濤洶湧的海面上漸漸下沉」。

　　艾科卡明白，要東山再起，重振企業，除了首先在內部大刀闊斧地改革，提高員工的士氣外，還必須盡快著手開發新型轎車，重新參與市場競爭，除此之外沒有第二條路可走，可是當時大大小小的銀行無一家肯貸款給公司。嚴酷的現實迫使艾科卡向政府求援，希望得到政府的擔保，以便從銀行得到 10 億美元的貸款。

　　消息傳出後，在社會各界引起了軒然大波。原來，美國企業界有條不成文的規矩，認為依靠政府的幫助來發展企業，是不符合自由競爭原則的。

　　面對眼前的困境，艾科卡既沒有洩氣，也沒有抱怨，他知道溝通比抱怨更重要。

　　他每天工作 12 ～ 16 小時，奔走於全國各地，到處演講

遊說；同時，又不惜重金僱請說客，遊說於國會內外，活動於政府各部門之間，和他互相呼應。

在演講中，他援引史實，有根有據地向企業界說明，以前的洛克希德公司、華盛頓地鐵公司和全美五大鋼鐵公司都先後得到過政府的擔保，貸款總額高達 4,097 億美元。克萊斯勒公司在瀕臨倒閉之際請政府擔保，僅僅是為了申請 10 億美元的貸款，本來是不該引起人們非議的。

接著，他又向新聞輿論界大聲疾呼：挽救克萊斯勒正是為了維護美國的自由企業制度，保證市場的公平競爭。北美總共只有通用、福特和克萊斯勒三大汽車公司，如果因克萊斯勒破產而僅剩兩家，形成市場壟斷局面，那還有什麼自由競爭可言？

對政府部門，艾科卡則採取不卑不亢的公關策略。他替政府算了一筆帳：如果克萊斯勒現在破產，會造成 60 萬工人失業，全國的失業率會因此提高 0.5%，政府第一年便必須為此多支付 27 億美元的失業保險金及其他社會福利開支，而最終又將會使納稅人多支出 160 億美元來解決種種相關的問題。艾科卡向當時正受財政巨額赤字困擾的美國政府發問：「你是願意白白支付 27 億美元呢？還是願意出面擔保，幫助克萊斯勒向銀行申請 10 億美元的貸款呢？」

艾科卡還為每一位國會議員開出一張詳細的清單，上面列有該議員所在選區內所有和克萊斯勒公司有經濟來往的經

銷商和供應商的名字，並附有一份一旦公司倒閉將會在該選
區內產生什麼樣後果的分析報告。他暗示這些議員，如果因
公司倒閉而剝奪選民的工作機會的話，對你的仕途是不會有
什麼好結果的。

艾科卡的公共關係策略終於獲得了成功，企業界、新聞
界、國會議員都不再反對擔保，美國政府也開始採取積極合作
的態度。他終於得到了用於開發新型轎車的 10 億美元的貸款。

三年後，克萊斯勒公司開始轉虧為盈，第四年便獲得
9 億多美元的利潤，創造了這家公司有史以來最好的經營
紀錄。

艾科卡的成功經歷告訴我們，溝通是何其重要。

5. 把讚美的陽光送進他人內心深處

史蒂芬·柯維指出：讚美就像溫暖人們心靈的陽光，但
是大多數人都喜歡對別人吹去寒風似的批評，而不太願意給
予同伴一點陽光般溫暖的讚美。

要贏得成功，要在人生路上走得較為順暢，首先要學會
的，就是如何真誠地讚美別人。

每個人的內心深處都有被稱讚和被欣賞的渴望，每個人
也都有值得被稱讚和被欣賞的優點。稱讚一個人，就意味著
肯定這個人的優點。

一個善於發現和欣賞別人優點的人，一個善於理解和肯定別人的人，必然具備一種為人們所尊重和使人們樂於親近的人格魅力，他們毫無疑問地成了人際溝通方面的佼佼者，從而更容易取得成功。

　　1921 年，鋼鐵大王安德魯‧卡內基指派年僅 38 歲的查爾斯‧史考伯擔任新組建的美國鋼鐵公司的總裁，使他成為了美國歷史上第一個年薪超過百萬美元的人。史考伯之所以受到提拔，並不是因為他有高超的業務技術能力，恰恰是由於他具有非凡的人際溝通能力和懂得適時稱讚別人的特質。

　　史考伯本人是這樣評價他的這段經歷的：

　　「我能得到這麼多的薪水，主要是因為我跟人相處的本領。我認為，我能夠使員工鼓舞起來的能力，是我所擁有的最大資產。而使一個人發揮最大能力的辦法，正是讚賞和鼓勵。再也沒有什麼比上司的批評更能抹煞一個人的意志。我從來不批評任何人，我讚美、鼓勵別人工作。因此我樂於稱讚而討厭挑錯。如果我喜歡什麼的話，就是我誠於嘉許，寬於稱道。」

　　這就是史考伯年薪百萬的祕密。

　　史考伯在管理上的確做出了不同凡響的成就。後來他離開美國鋼鐵公司，接管另一家當時正陷入困境的貝斯雷漢鋼鐵公司，沒有多久便使貝斯雷漢公司成為美國最賺錢的公司之一，這和他所說的「與人相處的本領」有著直接的關係。

　　而提攜史考伯的鋼鐵大王卡內基，本身就是一個最懂得稱讚別人的人。

　　安德魯・卡內基不僅在生前經常稱讚他的雇員，甚至死後也不忘記這一點。他為自己撰寫了一句非常獨特的碑文：

　　這裡躺著的是一個知道如何跟那些比他更聰敏的屬下相處的人。

　　學會讚美別人，你會獲得更多的朋友，贏得更多的成功。

六、贏得信任，朋友之交講誠信

六、贏得信任，朋友之交講誠信

1. 守信是交友成功的要訣

　　守信是做人最基本的原則，也是交友成功的重要保證。而能否兌現自己的諾言，則是朋友是否相信你的試金石。

　　就為人處世而言，可以說沒有什麼比誠篤守信更重要的了。誰能做到這一點，必將建立良好的人際關係，並從中受益多多。

　　如果說兌現自己許下的諾言是負責任的一種表現，那麼同樣的，對別人遵守諾言也是誠實、負責的表現。

　　承諾是守信的重要組成部分，可以說，承諾的力量是強大的。遵守並實現你的承諾會使你在困難的時候得到真正的幫助，更會讓你在孤獨的時候得到友情的溫暖，因為你信守諾言，你誠實可靠的形象推銷了你自己，這不僅讓你交到朋友，同時也讓你在生意上、婚姻上、家庭上獲得成功。

　　不要認為這是空話，有許多事實可以證明這一點，國外國內知名度很高的企業無不把信譽推到第一位，受人尊敬的人無不是守信用的楷模。

　　相反的，有些人隨隨便便地向別人開「空頭支票」，相信他們無論在哪一方面都不會成功的。

　　毋庸置疑，失信於人，說話不算數，許諾不兌現，意味著你丟失了做人的基本品格，意味著在別人眼中你是不講信譽的偽君子。這個損失多麼慘重，你應該估算得清清楚楚。

　　除了輕諾寡信之外，好耍小聰明、玩弄手腕者也大多失信於人。這樣的人也許可以一時哄騙某些年幼無經驗者，可以得利於一時，賺到一筆。可是第二次或第三次，一旦被識破，別人就不會再相信你了。那麼，你永遠不會得到真正的朋友。從總體價值上來看，你很可能騙到的是一粒芝麻，丟失的是一個大西瓜。

　　《莊子‧齊物論》載，有個養猴子的人對猴子說：「我早上給你們三個橡子，晚上給四個。」猴子聽了都非常生氣。養猴人動了一下腦筋，馬上對猴子們耍了個小聰明：「好了，別生氣了。我早上給你們四個橡子，晚上給三個。」猴子聽了，馬上高興起來了。

　　這些猴子的高興其實只是暫時受矇蔽所致。天長日久，聰明的猴子自然會悟出養猴人的狡詐和卑鄙。從此不再相信他，甚至是仇恨他。那時候，養猴人可就要自認倒楣了。

　　失信於人，不僅顯示其人格卑賤，品行不端，而且是一種只顧眼前不顧將來，只顧短暫不顧長遠的愚蠢行為，無論對於交友或者是辦事而言，終將一事無成。

　　失信於人，大丈夫不為，智者不為。

　　處世為人之道，大概沒有什麼比誠篤守信、取信於人更為重要的了。你的言行舉止，時刻不可丟棄了這個根本。與人交往時，只要有這個根本存在，只要別人還信任你，其他方面的缺陷或許還有彌補的機會。若失去了這個根本，別人

不相信你了，別人不願再與你共事，不願再與你打交道，那麼，你只能孤軍奮戰。當今社會，孤軍奮戰者，沒有幾個不失敗的。

　　守信，是一種可敬可佩的美德。人們總是以講究信用來表達對別人的尊敬。

　　守信，實際上就是你一種良好的處世形象。它必將對你拓展良好的人際關係、贏得忠誠的朋友產生重要影響。

2. 以誠相交，才能得到真誠回報

　　每個人都渴望得到真誠，只要你誠懇地對待別人，你就可以贏得人心。因為真誠的力量是讓人無法拒絕的。

　　在人的各種美的個性之中，有一種共同的品性，那就是真誠。可以說，天下沒有一種廣告能比誠實的美譽更能取得他人的青睞。這在交往中非常重要。人的個性千差萬別，有的含蓄、深沉，有的活潑、隨和，有的坦率、耿直。含蓄、深沉者可以表現出樸實、端莊的美，活潑、隨和者可以表現出熱誠、活潑的美，坦率、耿直者也有透明、純真之美。人生淳樸的美是多姿多彩的。在各種美的個性之中，有一種共同的品性，那就是真誠。

　　真誠的最低要求是不說謊，不欺騙對方，但在複雜的社會和人生活動中，目的和方法要有一定的區別。醫生為了減

輕病人的痛苦，以利於治病救人，往往向病人隱瞞病情，編造一套謊話，這樣才能使病人早日康復。它表現的不是虛偽，而是更高、更深層的真誠，是出於高度社會責任感的真誠。只有具備智慧、德性和能力的人，才能表現出這種高深層次的真誠美。

人際交往需要真誠！

日本大企業家小池曾說過：「做人就像做生意一樣，第一要訣就是誠實。誠實就像樹木的根，如果沒有根，樹木就別想有生命了。」

這段話可以說是概括了小池成功的經驗。

小池出身貧寒，20 歲時就替一家機器公司當推銷員。有一個時期，他推銷機器非常順利，半個月內就跟 33 位顧客做成了生意。之後，他發現他賣的機器比別的公司生產的同性能機器昂貴。他想，和他簽約的客戶如果知道了，一定會對他的信用產生懷疑。於是深感不安的小池立即帶著合約書和訂金，整整花了 3 天的時間，逐戶拜訪客戶。然後老老實實向客戶說明，他所賣的機器比別家的機器昂貴，為此請他們廢棄契約。

這種誠實的做法使每個訂戶都深受感動。結果，33 人中沒有一個與小池廢約，反而加深了對小池的信賴和敬佩。

誠實真是具有驚人的魔力，它像磁石一般具有強大的吸引力。其後，人們就像小鐵片被磁石吸引似的，紛紛前來他

的店購買東西或向他訂購機器，這樣沒多久，小池就成為「鈔票滿天飛」的人了。

大多數人選擇朋友都是以對方是否出於真誠而決定的。

日本曾有一個富翁，為了測驗別人對他是否真誠，就偽裝重病住進醫院。

結果，那富翁說：「很多人來看我，但我看出其中許多人都是希望分配我的遺產而來的。特別是我的親人。」

專門研究社會關係的谷子博士問他：「你的朋友也來看你嗎？」

「經常和我有來往的朋友都來了，但我知道他們不過是當作一種例行的應酬罷了。」

「還有幾個平素和我不睦的人也來了，但我知道他們只是樂於聽到我病重，所以幸災樂禍地來看我。」

照這位富翁的說法，他測驗的結果是：根本沒有一個人在「真誠」方面及格。

谷子博士告訴他：在人際交往中，真誠絕不是拿來專門要求他人的東西，必須要以自己先付出為前提。因此，你不應該去測驗別人對自己的真誠，而應該先測驗一下自己對別人是否真誠。

這位博士確實揭示了人際交往中的原則，即：你付出什麼，才有權利要求得到什麼。用中國的一句成語來說，那就是：「種瓜得瓜，種豆得豆。」

3. 付出真情，人心換人心

　　一個善於交友的人，一定是個能為對方著想的人，不僅懂得「錦上添花」，更懂得「雪中送炭」的藝術。

　　俗話說，「人心換人心」，你若想別人關心尊重你，你就必須對別人也付出一份真心。

　　「朋友像一面鏡子」，每一個人的眼睛都是雪亮的，因此，倘若想交到真正的好朋友，我們首先要正視的是：自己對朋友怎麼樣？正所謂「將心比心」，你如果希望別人關心你、體諒你，就必須先對別人付出這一份真心。

　　也許你自覺對朋友很好，你請他們吃飯、喝酒、陪他們玩樂，請他們到家中時也奉為上賓。但是，這些並不能使朋友對你有深入的好感，也無法滿足友情的需求，有時反而會加重朋友在應酬上的負擔。

　　一個善於交朋友，關心、體貼別人的人，一定是個能為對方著想、欣賞對方、處處滿足朋友需求、解決他們的困難，而又避免去麻煩對方的人。所以，要成為受歡迎的人物，不僅要能夠「錦上添花」，更要懂得「雪中送炭」。

　　有一句話常用來形容人事滄桑，我們拿它來解釋朋友之間的相處之道，也頗合宜——「眼看他起高樓，眼看他樓塌了」，而不管他樓起、樓塌，是真朋友就會長伴左右，絕不因對方的窮達而改變人情的冷暖。換言之，別人起高樓，

你要有為他祝福、欣賞他能力的胸襟；當他時運不濟時，你可別幸災樂禍，要以實際的行動協助。

如果說，你能將關心、體貼的心意建立在這種風度上，你對別人的關心和體貼才是真心誠意的，而不是茶餘飯後一聲「吃飽了嗎？累了嗎？」的虛應故事，別人也才會以真心來回報你。

也許，社交場合講究的是方法、手腕，你不以為「關心與體貼」是最重要的，但是，別忘了古訓「路遙知馬力，日久見人心」這句話，只有真情才能歷久彌新，使友誼的芬芳愈陳愈香。如果你始終以同樣的一顆赤子之心與人相處，還怕沒有朋友嗎？如此久而久之，你就是社交場合中最受歡迎的「名人」了。

4. 學會容納和承認他人

人是最容易產生情感變化的動物，而世界也正是由人類主宰著，如果學不會與人相處，一切都會陷於無秩序的混亂之中。

某些成功人士總能夠與別人相處得特別好，這到底有什麼祕訣？

在我們認識的朋友當中，有人會特別吸引朋友與顧客。對於這樣的人，你會不禁感嘆地說：「他又把人吸引到自己身邊了！」

這真是一語而言中。

人並非強迫他喜歡誰，他就喜歡誰。

某個人或許是我們直到目前為止碰到過最優秀的人，但是我們不見得會和他交朋友。如果要問理由，那只有一個：他不是一個能夠填飽我們饑餓精神狀態的人。我們和他在一起覺得不自在，因為他所散發出來的優秀氣勢，讓我們感到自卑。即使這個人如何傑出，人們也會對他敬而遠之。

下面列舉的，是一般正常人所共同需要的兩大基本渴望。利用這兩種方法，就能愉悅地與人相處。

（1）容納

每個人都希望自己完完全全地被接受，希望能夠輕輕鬆鬆地與人相處。

在一般情況下和人相處時，很少有人敢完全暴露自己的一切。所以，一個人若是能讓你感到輕鬆自在、毫無拘束，我們會很願意和他在一起，也就是說，我們希望和能夠接受我們的人在一起。專門找人家錯誤而吹毛求疵的人，一定不是個好親人，好朋友。

請不要設定標準，要求別人的行動合乎自己的準則。請給對方保留自我的權利，即使對方有些怪異也無妨。

別要求對方完全符合自己的喜好，行動完全符合自己的要求。

要讓你身旁的人輕鬆自在。

能夠寬容地接受一個人往往具有帶動他向上的最大力量。一個原本脾氣暴躁、動作粗魯的人，在不知不覺中卻變成了一個和善、可靠的人，問他原因，他回答說：「我的太太信賴我。她從不責備我，只是一味地相信我，使我不好意思不改變。」

某位心理學家說：要改變一個任性或殘暴的人，除了對他表示好意，讓他自己改變之外，再也沒有其他更好的方法了。

很多優秀的人，往往能影響本性善良的人，接受他們，使他們更好。但是對於任性、殘暴的人，他們往往束手無策。為什麼呢？因為優秀的人根本不能接受粗暴的人，甚至避之如蛇蠍，在感情上並不相通，這怎麼能讓對方變好呢？

曾有一位心理學者和名精神科醫生共進晚餐，當話題談到人際關係中的容納問題，這位醫生說：「如果大家都有容納的雅量，那我們就失業了！精神病治療的真諦，在於醫生們找出病人的優點，接受它們，也讓病人們自己接受自己。醫生們靜靜地聽患者的心聲，他們不會以驚訝、反感的道德式說教來批判。所以患者敢把自己的一切講出來，包括他們自己感到羞恥的事與自己的缺點。當他覺得有人能容納、接受他時，他就會接受自己，有勇氣邁向美好的人生大道。」

魯斯·哈比博士指出，如果每對夫妻都能牢記結婚儀式

上的誓言:「我不計較這個男人（或女人）的一切,我接受對方所有的行為。」就會挽回很多家庭的不和睦。

很多大企業家都說:「我們想晉升某某人時,會先調查他的妻子。」

並非調查他們的太太長得是否漂亮,或者很會做菜。而是她是否能讓他的先生充滿自信。

某些企業的老闆說:

做妻子要接受丈夫的一切。要讓丈夫生活愉快,擁有滿足感。當丈夫回到家裡時,要替他裝上自信的彈丸。這樣丈夫就會想:她這樣喜歡我,可見我在她心中有一定的位置,並非一文不值。做妻子的若能愛丈夫,信任他,他就會擁有能做好一切的自信。所以第二天出門時,他不怕任何困難的考驗,會充滿自信地接受挑戰。」

相反地,如果丈夫回到家裡以後,妻子只會嘮叨、抱怨不停,那他的鬥志就會完全消失。

一個能容納自己丈夫的人,她必會得到丈夫的加倍憐愛。

人們願意和能夠容納自己的人和睦相處。假如妻子讓丈夫對自己失去信心而討厭自己,那麼,丈夫會隨著自己自信心、自尊心的低落而對妻子不耐煩,彼此會因為吹毛求疵而感情變淡,這樣的結局就大煞風景了。

（2）承認

　　承認比容納更深一層。容納，實際上是消極的做法。我們容納對方的缺點與短處，伸出友誼的雙手接受他們，這只是消極的做法。倘若是積極的做法，就是找出對方的長處，不光是停留在接受忍耐對方的缺點上。

　　人們都喜歡沐浴在承認的溫馨之中。從這裡也可發揮它的特性。

　　有一天，一位父親帶著自認為無可救藥的孩子到心理醫生那裡去。那個孩子已經被嚴重灌輸了自己一無是處的觀念。剛開始，他一語不發，無論醫生怎樣詢問、啟發，他也絕不開口。心理學家一時之間也真是無從著手。後來心理學家從他父親所描述的情況和所說的話裡找到了醫治的線索。他的父親堅持著說：

　　「這個孩子一點長處也沒有，我看他是沒指望，無可救藥了！」

　　心理學家開始應用承認的方法，找出他的長處。孩子在這方面甚至可以說具有聰穎的天賦，還頗有高手的傾向。那就是家裡的家具經常被他刻傷，到處是刀痕，因而常常受到懲罰。心理學家買了一套雕刻工具送給他，還送他一塊上等的木料，然後教他正確的雕刻方法，不斷地鼓勵他：

　　「孩子，你是我所認識的人當中，最會雕刻的一位。」

　　從此以後，他們接觸得頻繁起來，在接觸中，慢慢地找

出其他事項來承認他。有一天，這位孩子竟然不用別人吩咐，自動去打掃房間。這個事情，使所有人都嚇了一跳。心理學家問他為什麼這樣做？

孩子回答說：「我想讓老師您高興。」

人們都渴望著他人的承認。要滿足這項欲望並不難。

總而言之，一個人如果能夠容納別人，承認別人，他的周圍就一定會聚集起許多的朋友，人緣極佳，這正是他們與人相處之道。

5. 永遠保持迷人的微笑

微笑可以解決問題，微笑能解決問題，這是一個真理，任何有經驗的人都會明白這一點。

用你的微笑去歡迎每一個人，那麼你就會成為最受歡迎的和最會辦事的人。

微笑，它不花費什麼，但卻創造了許多奇蹟。它豐富了那些接受它的人，而又不使給予的人變得貧瘠；它產生於一剎那間，卻給人留下永久的記憶；它創造家庭快樂，建立人與人之間的好感；它是疲倦者的休息室，沮喪者的興奮劑，悲哀者的陽光。所以，假如你要獲得別人的歡迎，請給人以真心的微笑。

有人做了一個有趣的實驗，以證明微笑的魅力。

兩個模特兒分別戴上一模一樣的面具，上面沒有任何表情，然後問觀眾喜歡哪一個人，答案幾乎一樣：都不喜歡，因為那兩個面具都沒有表情，他們無從選擇。

　　接著模特兒把面具拿開，舞臺上出現了兩個不同個性，兩張不同的臉，其中一個人把手盤在胸前，愁眉不展並且一句話也不說，另一個人則面帶微笑。

　　再問每一位觀眾：「現在，你們對哪一個人最有興趣？」答案也是一樣：他們選擇了那個面帶微笑的人。

　　這充分說明了微笑受歡迎，微笑能拉近與生人的距離。有了微笑，辦事就有了良好的開頭。

　　法蘭克‧貝特格是全美國最著名的推銷保險人士之一。他說他許多年前就發現了面帶微笑的人永遠受歡迎。所以，他在進入別人的屋子之前，總是停留片刻，想想高興的事情，於是，他臉上便展現出開朗的、由衷而熱情的微笑；當微笑即將從臉上消失的剎那間，他推門進去。

　　法蘭克‧貝特格深知：他推銷保險的成功和自己面帶微笑有很大的關係。

　　當我們面帶微笑去辦事，回頭看看效果，必然連自己都會大吃一驚。

　　微笑永遠不會使人失望，它只會使人受歡迎。

　　不會微笑的人在工作中將處處感到艱難，這就是生活中真實的寫照。

所有的人都希望別人用微笑迎接他，而不是橫眉豎眼，不悅阻礙了心靈思想的交流。

所以，有的公司在應徵職員時，以面帶微笑為第一條件，他們希望自己的職員臉上掛著笑容，把自己的公司推銷出去。

用微笑把自己推銷出去，無疑是人生成功的法寶。

聯合航空公司有一個世界紀錄，那就是在 1977 年載運了最大數量的旅客，總人數是 35,566,782 人。

聯合航空公司宣稱，他們的天空是一個友善的天空，微笑的天空。的確如此，他們的微笑不僅僅在天上，在地面便已開始了。

有一位叫珍妮的小姐去參加聯合航空公司的應徵，當然她沒有特殊關係，也沒有熟人，完全是憑著自己的本領去爭取。她被聘用了，你知道原因是什麼嗎？那就是因為她臉上總帶著微笑。

令珍妮驚訝的是，面試的時候，主試者在講話時總是故意把身體轉過去背對她。這位主試者並非不懂禮貌，而是在感覺珍妮的微笑，因為珍妮的工作是有關預約、取消、更換或確定飛機班次的事務，是透過電話和客戶接觸的。

那位主試者微笑著對珍妮說：「小姐，妳被錄取了，妳最大的資本是妳臉上的微笑，妳要在將來的工作中充分運用它，讓每一位顧客都能從電話中體會出妳的微笑。」

即使無法看見她的微笑，但透過電話，客戶們知道珍妮的微笑一直伴隨著他們。

　　肯羅是一位義大利人，他是倫敦著名的沙威館的總經理。這家旅館有 100 年的歷史了。他每天都需要做很多事，如房間預約、床位安排、床單更換、食物供應等等，但他卻能安排得很好，沒有一點錯誤。

　　身為一個總經理，每天要管理一大堆職員，從門房到廚師，從服務生到樂隊，而且還要解決其他問題，但他還是做得有條有理，別人問他有什麼祕訣？他說他的辦法很簡單。

　　「我在問題還沒有發生以前，便用微笑把它笑走了，至少可以避免將小問題變成大問題。微笑，是我性格的一部分，我就用微笑來避免遭遇問題。」

　　或許你會有疑問，有些事是不能用微笑來辦理的。所以，你要解決問題，最好是一開始便避免事情的發生。也就是說，在問題發生以前，你就把它打敗了，而一個真心的微笑，不管是從眼睛看到的或從聲音裡感受到的，都是一個很好的開端。

6. 和朋友要保持經常性的連繫

　　人是感情動物。朋友也好、親戚也好，只有經常溝通、交流，才能顯出互相之間的關心和支持。因此，不論親朋好

友，還是同學同事，都有經常連繫的必要。

　　社會交往中，人與人之間需要經常互通資訊，互相交流，才能保持良好的關係。親戚之間，朋友之間，甚至剛認識的朋友，都要想辦法常常連繫。

　　人們初識時，一般而言社交中進展速度跟接觸的頻率成正比。也就是說，如果你跟某位剛認識的人剛開始時總是有機會接觸的話，雙方之間的關係很快就會變近，形成比較親密的朋友關係。道理很簡單，就是因為常常見面，常常接觸，彼此很快就認識了，了解了。但時間長了，如果彼此不再來往，那麼就會生疏，所以保持適當的連繫，無疑會有個好人緣。

　　要保持良好的人緣，你必須跟你現有的人際關係網中的各個成員保持經常連繫。有空打電話給遠在異地的親人、朋友，通通信，詢問一下對方近來的工作、學習情況，介紹一下自己的情況，互相交流一下，這是很有必要的，這點時間絕對不能節省。碰上親戚、朋友的人生大事，有空最好盡量參加，如果實在脫不開身，最好也能寫信或託人帶點什麼，不然，怎麼算得上親戚朋友。

　　對方有困難的時候，更應加強連繫，許多人總是喜歡向親人、朋友匯報自己的喜事，而對一些困難卻不好意思開口，去掉這些顧慮，就向良好人緣邁出了一步。

　　當聽到朋友家有人生病或遇上不幸的事，應馬上想辦法

去看望。平日儘管因工作忙碌或課業繁重沒有很多時間來往，但朋友有困難鼎力相助或打聲招呼，才顯出相互間的深厚情誼來。「患難朋友才是真朋友」，關鍵時刻拉人一把，別人會銘記在心。

另外，常常保持連繫對我們自己會有許多好處，和親戚中的長輩經常連繫、談心，一旦你碰上什麼事情，如找工作、找對象時聽聽長輩、朋友的意見，或者找他們幫忙，對你會有直接或間接的幫助。如果平時沒有連繫，困難時找上門去，別人是不會幫助的。

7. 能容忍朋友性格上的「毛病」

每個人都有缺點和不足之處，倘若不能寬容他人的弱點和缺點，人與人之間就無法正常交往，寬容不會失去什麼，相反，卻會以此得心。

現實生活中，不乏性格孤僻或任性怪異之人。他們感情內向，整日鬱鬱寡歡，焦躁煩惱，心境陰沉，缺乏生活樂趣。和這些人打交道可不那麼容易，你得掌握一些訣竅。

心理學認為，性格是一個人所表現出的對現實的穩定態度和相應習慣行為方式上的特徵。一棵參天大樹，找不出兩片完全相同的葉子；同樣，世界上也找不出兩個性格完全相同的人。要找出性格孤僻、「怪異」的原因，以便「對症下

藥」，採取合適的措施。

　　不管性情孤僻者的孤僻出於什麼原因，我們與之相處，都應予以溫暖和體貼，讓他們透過友誼體會人間的溫暖和生活的樂趣。因此，在學習、工作、生活的細節上，我們要多為他們做一些實實在在的事，尤其是當他們碰到自身難以克服的困難時，更應挺身而出，用友誼的陽光，化解他們心中的冰霜。

　　性格孤僻者，一般不愛說話，有時候，儘管他們對某一事情特別關心，也不願主動開口，這樣就難以交流思想感情，所以我們與他們談話時，就要主動，要善於選擇話題，只要談話主題能切合他們的興趣，他們肯定會開口加入的。

　　與性格孤僻者相處還要特別小心、謹慎，因為他們往往喜歡抓住談話中的枝節進行聯想和胡亂猜疑，一句非常普通的話，有時也會引起他們不高興，並銘刻於心，以致產生深刻的心理隔閡，但這種隔閡，他們又不願直接表露，只是以一種微妙的形式加以反映，使別人不易察覺。

　　當我們與性格孤僻者有了初步交往後，可以多帶領他們參加一些文化娛樂活動，多去社交場合，促使他們從孤獨的小圈子中解脫出來，投入社會的懷抱。在活動內容和形式上，可多選擇一些輕鬆愉快的主題，這樣會使他們丟下心理包袱。

　　我們的朋友群中，也很難沒有任性的人。任性就是放任，想說什麼就說什麼，想做什麼就做什麼，對別人不屑一

顧，大家一塊兒出去玩，本來想坐公車，一看公車擁擠，大
家都想騎車去，但任性者非得堅持坐車去，結果大家意見不
統一，鬧得個不歡而散。

有些任性者，你批評他，他反而不服氣，認為那是他的
個性表現，還是我行我素。人活著是要有個性，但也並不完
全排斥社會性，而是某種程度上的調合，個性強等於任性，
任性說到底是個人主義的表現，只堅持自己的要求不聽別人
的意見，這樣的人很難與人相處得好。

對任性者，最基本的還是要學會諒解謙讓。既然知道對
方有這種性格，不如先敬而遠之，避其鋒芒，只要不是什麼
原則上的問題，稍微遷就寬容一下又有何妨，也許，有時
候，沉默是最好的語言。

8. 春風化雨，化解朋友間的危機

朋友與朋友之間，交往貴在知心，有矛盾時及時交換意
見，有問題時及時談心，有了信任危機及時化解，那麼友誼
的道路上就不會出現絆腳石。

朋友之間有分歧並不可怕，可怕的是不能學會不讓分歧
影響彼此之間的友誼。

現實生活中，有些人對朋友總是懷著猜疑的眼光，或對
朋友戒心重重：

「這個人看樣子不是個好傢伙。」

「把這麼重要的事跟他說，被他洩了密怎麼辦？」

「這個人據說不可靠。」

應該說，與人交往時適當保持警惕態度是應該的，因為這社會畢竟複雜，難免會有懷著不良企圖的人來跟你交往，對這些人，當你了解到他們的真面目之後，你可以斷絕與他們的來往。但對大多數的朋友，如果你總是懷疑一切，到頭來只能孤立了自己。友誼是一個對等的雙向活動的過程，如果你對朋友總抱以猜疑的態度，朋友又有什麼理由來信任你呢？

信任朋友，就是相信朋友說的是真實的，相信朋友做的是對的，相信朋友能夠勝任某事，這樣當朋友發現你對他的信任態度時，他會覺得你是在真誠地與他交往，反過來同樣會對你產生信賴感。

美國《芝加哥日報》的創辦者勞生有一件為人所稱道的軼事。

在當時的美國新聞界，縱情飲酒是相當普遍的風氣，但勞生是一個極端禁酒者，他對什麼好酒都點滴不沾。

當時勞生手下有一位很得力的助手，也是公司的重要職員。將近有半年的時間，這位助手一直請假在家，於是公司裡散播著許多流言蜚語，說那位助手的病是因為老是縱情酒色所致，說他是一個酒鬼。

勞生聽了當然很生氣，但他沒有立刻表態，他要看看他的助手有什麼反應。那位久病初癒的年輕人上班後很快明白這流言蜚語是一位與他爭職位的人散布的，他覺得有必要向勞生闡明情況。在一個週日，他把勞生請到家裡。

　　這位助手重複了公司裡對他的流言，並解釋自己雖然飲酒，卻從沒有沉溺於此，他不停地申訴著，把自己的心裡話都說出來，但勞生只是靜心聆聽，他一言不發，那助手以為勞生再也不會相信他了。

　　這時勞生說道：「你要告訴我的話都說完了嗎？你的困擾我都知道了。」他於是叫侍者拿來一瓶香檳和兩個酒杯，斟滿酒後，勞生對他的助手舉起酒杯說：「我相信你，祝你健康！」

　　這個例子告訴我們交往時一個很重要的原則：信任別人。勞生雖然對飲酒極為討厭，但他卻沒有「由物及人」，他置流言蜚語於不顧，完全相信他的助手不是一個為酒所困的酒鬼，他的寬大胸懷，令那位助手感激涕零，以後無論發生什麼事，相信助手也會對勞生絕對忠誠的。

　　信任是朋友間友誼的開始，也是友誼發展的推動劑，更是維持友誼的根基。如果朋友間相互猜忌，彼此間架起一道牆，那朋友關係也即將宣告破裂了。

　　信任是雙向的，當別人對你有所委託，有所期待，你千萬要盡力去完成，不要辜負了朋友對你的信任。在公司裡也

是如此，無論是上司的命令還是對方的委託，你都一定要接受下來，即使對方是口頭託付，你也要聽在耳裡，記在心上，不要當作「耳邊風」，既然答應了就要努力去做，認真對待，如果難以完成全部工作，最好事先把自己力所能及的範圍向對方說清楚並表示歉意；答應對方的時候，態度要積極主動，腦子要沉著冷靜，一旦接受委託就要不惜代價完成，這樣才能得到信任與嘉許。

除了信任以外，我們還知道，即使再好的朋友，偶爾也會「拌嘴」的，為了一點小事，或為了某個意見分歧而爭論，這是常有的事，這時要注意處理的方法，否則，很可會產生危機。

如果因為某事和朋友吵了架，要盡快地向對方道歉，這是解決的最好辦法，這種情況下，不要再計較誰是誰非，因為有些事情，誰是誰非是很難分清的。這種時候，也不要太顧全面子。如果你真心誠意地道歉了，一般來說對方也會痛痛快快地承認自己的不對。

真心誠意地認錯、道歉，不必再推託其詞，尋找客觀原因，做過多辯解。即使的確有非解釋不可的原因，也必須在誠懇道歉之後再解釋一下，不應該一開始就為自己申辯。否則這種道歉不但不會彌合裂痕，反而會加深你們之間的隔閡。

誠心的道歉，還應該語氣溫和，坦誠而不謙卑，以友好

的目光凝視對方，並多用「對不起」、「請多包涵」、「得罪了」、「打擾了」等禮貌用語，道歉的語言要簡潔，簡單明了地表明自己的態度，如果對方表示諒解時，可表示感謝，切忌囉嗦、重複。

當對方正處在氣頭上，什麼話都聽不進去時，首先要透過第三人轉達歉意，當對方平靜時，再當面道歉；如果僵持下去，常常會兩敗俱傷。

如果覺得道歉的話一時難以說出口，也可以用別的方式代替，如買個小禮物，附上一封簡短的道歉信託人帶過去，見面時，和對方握握手，用眼光傳達一下歉意也能收到微妙的效果。

道歉不要拖延時間，扭扭捏捏、拖拖拉拉只會讓對方因為與你有一道裂痕而疏遠你，甚至會導致對方跟你絕交。

要給對方時間，感情波動比較大時對方往往要經過一段時間才能重新沉靜下來，如果你請求原諒沒有被當場接受，稍後再去表達你的內疚與不安。

有時候，對許多人來說，承認錯誤已是一件很痛苦的事，但要獲得友誼，這還不夠，你還必須迅速及時地，真誠坦然地向別人道歉。

我們知道馬克思與恩格斯之間的偉大友誼，卻很少有人知道馬克思、恩格斯也曾經產生過疙瘩；而馬克思向恩格斯的道歉方法也堪為我們效仿。

　　恩格斯的夫人瑪麗・白恩士因病逝世。恩格斯懷著極其悲痛的心情，寫信通知馬克思。馬克思當時正處於嚴重的家庭經濟危機中，他在回信中除了開頭的「關於瑪麗的噩耗，使我感到極為意外，也極為震驚」外，沒有表現出恩格斯所期待的同情與安慰，反而大吐自己的苦水。恩格斯讀完信，又氣憤又傷心，幾天後寫了封信給馬克思：

　　「你自然明白，這次我自己的不幸和你對此冷冰冰的態度，使我完全不可能早些回信給你。

　　「我的一切朋友，包括相識的傭人在內，在這種使我極其悲痛的時刻對我表示的同情和友誼，都超出了我的預料，而你卻認為這正是表現你那冷靜的思維方式的卓越性時刻，那就悉聽尊便吧！」

　　馬克思收到這封措辭嚴厲的信後，心裡像壓了一塊大石頭那樣沉重，眼看 20 年的友誼發生裂痕，他深深感到自己寫的那封信大錯特錯，而現在又不是馬上能解釋清楚的時候。過了 10 天，他估計朋友已「冷靜」下來了，就寫信認錯，解釋情況，表明心跡：

　　「在回信給你以前，我想還是稍微等一等為好。一方面是你的情況，另一方面是我的情況，都妨礙我們『冷靜地』考慮問題。

　　「從我這方面來說，寫那封信給你是個大錯，信一發出我就後悔了。而這絕不是出於冷酷無情。我的妻子和孩子都

可以作證：我收到你的那封信（清晨收到的）時極其震驚，就像我最親近的一個人去世一樣。而到晚上寫信給你的時候，則是處於完全絕望的狀態之中。」

恩格斯接到這封信，氣就消了，心頭的疙瘩解開了，他立刻深情地寫信告訴馬克思：

「……你最近的這封信已經把前一封信所留下的印象消除了，而且我感到高興的是，我沒有在失去瑪麗的同時再失去自己最老和最好的朋友。」

就這樣，兩位偉大人物的一次小小隔閡，就在相互開誠布公、坦率地交換意見之下清除了。

七、掌握技巧，異性交往須動腦

1. 與異性一見就熟的技巧

　　人與人由生到熟需要一個過程，如何縮短這個過程則是一門高深的藝術，只要你找到了竅門，自然會在與異性交往中如魚得水，遊刃有餘。

　　如何與陌生異性一見就熟，這是每一個人都關心的問題。其實，只要掌握了一定的訣竅，你就會發現，這並不是一件難事。

　　在日常生活中，有時遇見了讓你怦然心跳的異性，卻老是無法接近和搭訕，令人抱憾良久。下面一些方法可使你達到與素不相識的異性一見就熟的效果。

（1）利用人們希望被奉承、喜歡聽故事的心理

　　一般情況下，每個人都喜歡傾聽別人（尤其是陌生人）說話，如果聽到的是奇聞趣事，則興趣更濃。有的女性看起來高傲甚至面若冰霜，似乎難以接近，實際上她內心的孤獨感更強，她是用冷漠的面具來掩飾內心的不安，而你得體的搭訕反倒易引起她的積極反應。因此，你不必顧慮，要有勇氣。攀談時要面帶微笑，微笑能消除自己的緊張情緒，並且能融洽談話的氣氛。同時，應以充滿真誠的、明亮有神的眼睛注視對方，這不僅是一種禮貌，也是情感交流的輔助語言，且易使對方減少戒備疑惑，產生信賴。但不宜長久凝視對方，注視使人感到親切，但凝視陌生人則讓對方覺得害怕。

（2）尋找共同點作為話題

「物以類聚，人以群分」，每個人的社交圈，實際上都是以自己為圓點，以共同點（年齡、愛好、經歷、知識層次等）為半徑構成無數的同心圓。共同點越多，圓與圓之間交叉的面積越大，共同語言也越多，也最容易引起對方的共鳴。比如，同班同學就比同校學生親密，同宿舍的又比同班的要好，同桌比同宿舍更容易建立起牢固的友誼，如果既是同桌又是同鄉，那簡直可以成為拜把兄弟。因此，在與他人搭訕時，一定要留意共同點，並不斷把共同點擴大，對方才會興致勃勃，談話才會深入持久。

（3）多談對方關心的事情

搭訕中，你不可大肆吹噓自己，這只會令對方反感。你必須把對方關心的事放進去。對方關心什麼呢？人們最關心的是自己，這是人類最普遍的心理現象。比如，當我們觀看一張合影相片時，最先尋找的是自己，如果自己拍得不好看，就會認為整張照片拍得不好。因此，你必須談對方所關心的，不斷提起，不斷深化，對方不僅不會厭惡，而且還會認為你很關心體貼他（她）。

（4）不要過於嚴肅或擺架子，如能幽默一點，效果會更好

與陌生的異性交談，不能一本正經，態度嚴肅，要有幽默感。幽默是人際關係的潤滑劑，是智慧的結晶，它帶給別

人的是快樂，誰能拒絕這令人賞心悅目的禮物呢？有這樣一則故事：

在擁擠的公共汽車上，一名年輕人不慎踩了別人的腳，回頭一看，原來是位女孩，女孩滿臉怒氣，年輕人忙說：「對不起，對不起，我不是故意的。」接著又伸出一隻腳，認真地說，「要不，你也踩我一下。」女孩一下子被這句話逗樂了。年輕人再次趁機搭訕，這位女孩很樂意地和他交談。他的活潑和幽默，讓對方留下了很深的印象。

有的人自我感覺良好，而且各方面條件確實不錯，但為什麼常常在與異性搭訕時遭到冷落，自討沒趣？關鍵就是有優越感，高高在上，談起自己眉飛色舞，這是令人討厭的。即使你取得了巨大的成功，但如果一味地自吹自擂，只會令人敬而遠之。一般而言，人們對那些經歷坎坷、屢遭不幸而最終出人頭地的人容易產生同情、親密和佩服。因此，政治家或歌星，為了提高知名度和贏得支持，往往再三渲染自己為取得成功付出的巨大努力或童年的不幸遭遇。這實際上是一種技巧，藉由所謂心理學上的通感現象來贏得人心。由此可見，在與陌生的異性交談時，對自己的成功不妨「不經意」地談談，且要多方面談到昔日的坎坷、打拚的歷程和不幸的遭遇，這樣就容易使對方產生好感和欽佩。

（5）策劃好一個小事件，顯得是偶然巧合

有時，你可能沒有機會和陌生的意中人接觸，更談不上去搭訕，在這樣的情況下，你可以「製造」一個機會。有一本紀實小說寫了這樣一個情節：

1950 年夏天，一個星期六的下午，一位五官端正、衣著入時的青年手捧一束紅玫瑰，禮貌地去敲一間公寓的門。公寓的主人是某公司年輕女祕書海因茲。她謹慎地打開門，面對這位不速之客，她不知所措，難堪之餘，這位男士連連道歉：「我敲錯了門，是個誤會，請原諒。」然後轉身離去。走了兩步，又轉身走過來對海因茲說：「請收下這束鮮花，作為我打擾妳的補償。」海因茲盛情難卻，把他請進家裡，兩人就這樣認識了。實際上，這個偶然的誤會是青年早就策劃好了的。不過，像這樣的善意「欺騙」，並不傷害對方，似乎不必苛責。

需要注意的是，在與陌生異性交談時，不要爭執，不要議論彼此熟悉的人的長短，更不可追根究柢地詢問別人的私生活，要掌握分寸，如果不小心談及對方敏感的內容，要巧妙而迅速地轉移話題。另外，不可嬉皮笑臉胡攪蠻纏，更不能用粗俗的、下流的語言挑逗對方，這是品性低劣的反映，只會引起對方的反感和訓斥。

2. 與異性交談投機的三大祕訣

　　與異性交往是要掌握一些火候的，交談投機更需要一些交往的智慧，其實只要投其所好，求同有異，相信總會由生到熟，達到相互投機的地步。

　　想要與異性有默契地交往，需要融心理、社交、口才等知識技巧於一體。否則，與剛認識的異性交往，就容易羞怯局促、緊張失措，連擠兩句應酬話也生澀，平日的伶牙俐齒、妙語如珠也不知躲到哪裡去了。其實只要掌握一些基本的原則，就能夠使我們在和異性交往時應付自如，談得非常投機。

（1）以對方感興趣的話題為題材

　　有這麼一對戀人：男孩喋喋不休地談論著公司的事，除了從他們親熱地握著的手可以看出熱烈的感情外，女孩的神態完全是一副無精打采索然無味的樣子。一對熱戀著的情侶，本應有著千言萬語難訴衷腸的熱情，就因為彼此談話的內容不是雙方感興趣的話題而話不投機，冷冷清清。所以，聰明的人在與異性談話時恰到好處地選擇那些生活中的趣事作為話題，既可以消除彼此之間的距離，更容易產生共鳴，增加親切感，比如選擇一些比較輕鬆、校園生活的趣事等等。這些話題不但可以一下子就激起彼此的談話興趣，而且話題的外延廣、內涵深，不至於大家剛聊了兩句就冷場了。

（2）激發對方交談的興趣

異性交往中，往往也會遇到一些不喜歡自己想話題的女性。當男性先對她說話時，她惜字如金似的僅用「是」與「不是」作答，無論你如何發問，她總是簡單作答。遇上有一定社會經驗的異性，還會鍥而不捨、耐著性子繼續進攻下去，他相信，時間能慢慢地使陌生變得親切，甚至引發出她有興趣的話題，逐步改變「話不投機」的局面。

小高因為一篇市場調查報告，需要找電腦操作員崔小姐查看相關資料，可是看見崔小姐那嚴肅的神情，小高便心虛發慌了。

稍微鎮定後，小高與她攀談起來：「崔小姐每天很忙啊！」

「對！」

「妳操作電腦如此熟練，應該有些資歷了吧？」

「不長！」

……

幾次問答下來，崔小姐不但始終斬釘截鐵般吝嗇作答，而且臉上一直冷若冰霜。於是小高轉變談話策略，「聽辦公室主任說，我們部門有兩個天使最馳名，妳猜是誰？」

「不知道！」崔小姐依然簡單作答。

「好，我告訴你，一個公關天使小陳，另一個就是小姐你呀！」小高放慢談話速度說。

「他們叫我什麼天使？」

小高見崔小姐的玉容終於活躍起來，故意頓了頓說：「叫你冷豔天使啊！」

「簡直胡說八道，小高你看我像不像？其實……」

崔小姐的話匣子終於被激發了。小高面對冷若冰霜的崔小姐，在交談近乎陷入僵局的無聊情況下，抓住對方「冷豔」這個弱點，假借第三者的談話進行出擊，這就造成了崔小姐內心尊嚴的一個致命傷，她為了維護自尊連珠炮似地辯駁，並表明自己的熱情、溫柔和善良，從而在彼此的談話中形成了一個和諧、愉快的回流。

（3）設法讓女孩主動帶出話題

在許多社交場合，我們常常發現，當男女被介紹相識後，大多數女性，除了可愛的矜持之外，都練就保持沉默的功夫，將這先開口講話的「任務」奉獻給男性去做。一般情況下，這態度和禮儀是不大好的。女性由於生理和心理的敏感、細膩、脆弱等特點，在交往的範圍和接觸點上都顯得比較隱祕、謹慎，是不可隨意橫衝直撞的。任何一位社交經驗不太豐富的男性往往就被這種情形難倒，話在嘴邊口難開。而如果女性主動與男子攀談，那情形就迥然不同了。因為一般而言男性的生活圈比較廣，加之男子漢多是粗放型，注定要接受人生的磕磕碰碰，於任何事情都不那麼小家子氣，因

此向男子提出談話的題材就比較隨意廣泛，除了人格和自尊之外，偶有什麼不恭之話題或言詞，身為一個現代男子漢，應該是能夠灑脫地淡然一笑置之。所以在異性交往中，女性向男性主動拋磚以引其玉，男子會很熱情地回以爽朗的交談。

所以，異性間互相交談，女性應該主動些，而男子應該設法讓女孩主動地帶出話題。

3. 面對異性，適度保持神祕感

每個人都有好奇心，適度的保持神祕感，反而能提高對方的興趣，激起對方希望更了解你的決心。這樣大多可以進一步引起異性的興趣。

有位追求女孩子頗有心得的人曾經這樣說過：「追求女人，如果讓她看穿你的生活，就完蛋了。」他的意思其實是說，保持部分的祕密，才能擄獲異性的心。雖然這位年輕人不是什麼感情專家、戀愛顧問，但是他這番話也的確有幾分道理。

一般而言，如果有人對你敞開心扉、十分坦白，多數人都會對對方產生好感，從心理學來說，這便是「自我開放」。但是異性之間，有些事情是不一樣的。當然，將自己開放到某種程度是兩人交往時相當重要的條件，但如果將自己所有的一切，百分之百地完全呈現在對方面前，就有可能會帶來負面效果。因此，我大膽向讀者建議；想要讓人喜歡，

請將自己開放百分之八十的程度就好，剩下的百分之二十不需要讓對方知道。

現在的報紙、雜誌，網路資訊比以前更開放，很多明星從家人、興趣到喜好之類的瑣事，全都鉅細靡遺地攤開在眾人面前，大眾也不再認為「歌星、影星是踩在雲端的人」，而是「和自己一樣的平常人」。

舉例來說，某健美運動教練從不公開私事，無論他的興趣是打高爾夫球、養育兩個小孩子、養了兩隻愛犬、夫婦關係圓滿等等，學員們都不知道。大家不知道他個人的隱私，自然就有神祕感，神祕感往往也能增添一些好感。

和異性交往的道理多少和這有些類似，所以，一定要保持某些自己的祕密。戀愛初期的人總是談自己的事，想盡辦法加深親密關係。慢慢相互了解到一定程度時，就應該保有某些屬於自己的祕密，就算保密的事不久就會被知道，也不要主動說給對方聽，那是讓對方朝思暮想的技巧之一。

即使昨天在自己的家裡亂晃，一張臉素淨未上妝，獨自吃著泡麵，然而等到約會時，一定會慎重地化妝，任由對方想像昨天的自己是什麼模樣。因為只要對方一知道自己昨晚做了什麼，所有的幻想便會馬上破滅。

想在異性面前大受歡迎，說這樣的話會有很好的效果：「這是祕密哦！」半開玩笑地保持神祕，不要太過嚴肅，讓彼此的關係輕鬆愉快一些，會有助於感情的增進。

4. 巧妙展示男人的紳士風度

敬人者人恆敬之，愛人者人恆愛之，要被敬、被愛、廣得人緣，必須在做人處事的種種小細節上盡禮盡心。男人是否具有紳士風度，就是由他的一言一行看出來的。

所謂「紳士風度」不是道貌岸然，凜然不可侵犯的樣子，而是指適時適地表現出過度的禮貌來。

有些人誤以為男人一定要長得英俊、有錢有勢、轎車代步、出手闊綽等等，才能討女性的歡心，其實雖然金錢、地位人人都喜歡，但一個有內涵的女子，她最欣賞的必定是風度翩翩，言行舉止合乎禮節的男士。也唯有懂禮貌，風度高雅的男人，才是女性最心儀的。因此，跟一個禮貌周到的男士同行，遠比跟有財無禮的男人在一起愉快多了。

禮貌是發自心底的，外表的作態極易叫人一眼看穿，所以，奉勸男士們應熟習與異性交往的禮節。如果你知道在什麼場合，自己該怎麼做，而不會違禮失態，那你就是一個標準的紳士了。

在西方社會中，女人一向備受禮遇，不管是女性主管、女同事或家庭主婦，男人一樣表示尊重。過去的東方人則恰恰相反，典型的大男人主義，男人處處要占上風，無論在什麼場合，男人的地位總是至高無上，絲毫不容侵犯的。不過，現在這種情況已經大大改觀了。下面，讓我們來看看，一個男人在

與女士相處時，應注意什麼？乘車、走路、坐席、觀戲聽劇、抽菸……，在各種不同的情況下，該有什麼禮貌？

「能者多勞」，男人的身體比女人強壯，力氣比女人大，就是動作也比女人敏捷，藉著這個先天的優勢去幫助女人，減輕女性的負擔，是男士應有的風度和器量。

例如，乘車時，讓女士先上車；陪同女士到某處去，搶先一步為她開門，進入室內後，為她脫外套、拉座椅，此外，當你想抽菸時，除徵詢她的同意外，並應先向她敬菸、點菸。這些動作絕非裝腔作勢，故意賣弄，實在是必要的禮貌，不過做時態度要自然大方，才不會弄巧成拙。

搭乘火車或其他交通工具時，如果遇見女性攜帶行李或較重的包裹，也應代為取放，因為女人力氣較小，提取很不方便，男人體魄健全，輕而易舉之事，何不效勞？

陪同女子上街時，則應走在道路外緣保護她，或幫她提較重的物品。如遇下雨時，更應替她撐傘。走在泥濘的路上，也應讓女伴挽住你的手臂，以免滑倒或摔跤。人群擁擠時，則應先行一步，為她開路。

日常有女性需要幫忙時，也應熱誠而主動地為她效勞。不過服務宜適中，切忌熱心過度。比方說，你可以代提行李，卻不必替她拿帽子、手提袋、遮陽傘或花花綠綠的包裝物；陪女子遛狗，可以幫她拉住狗繩，但要是抱在懷中的小型寵物，就大可不必代勞。

禮貌欠周令人不快，禮貌過多也令人難堪，唯有恰到好處，因應時宜的禮貌才會讓人覺得自在。「出乎禮，止乎禮」，以溫文爾雅的態度為女性效勞，才是男性的驕傲。

5. 有情有義，才能使女性掛牽

情義無價，人都是感情動物，你對她好，她就會對你好，你對她付出了情義，自然，也會喚來她對你的掛牽與關懷。

怎樣的男人更受女人歡迎？這實在是個很複雜的問題。尤其是在女人們思想開放、獨立意識很強的當今社會，女人的心思可以說更是讓人看不準猜不透了。

有些被朋友讚譽為「天底下再也找不出這樣的好人」的男人，偏偏老是沒有女人緣。

反之，讓其他男人覺得裝模作樣又噁心的傢伙，卻常常招蜂引蝶，迷死一大堆女人，讓人感嘆：「唉！真不曉得女人到底在想什麼。」

其實，一個男人只要夠親切，自然就會有女人繞著他打轉，因為和他在一起感覺不到距離。裝模作樣的男人大多有辦法讓女人感到他的確親切而頃向接近，所以看起來女人都樂於圍繞著他們。

女人常常是靠直覺來感受男人的「好」與「壞」的。如

果一個男人讓她覺得心裡不安的話，她就不可能真的喜歡上那個男人。換個說法，女人根本不願意接近靠不住的男人。

因此，女人們真正喜歡的是那些踏實穩重，有情有義，從內心裡愛護她們的男人。可惜的是，這種男人在別的男人眼中只不過是一些腦子不開竅，竟然會「以真心喜歡女人」的傻子。

當然，大多數精明的男人也知道女人要的是什麼，所以，他們總想在女人面前裝出「靠得住」的樣子，好比挑個高級餐廳當約會場所，聊天時不由自主地把自己的工作和未來的展望搬出來談。同時，又怕對方認為自己小氣、沒錢，所以拚命講笑話表示幽默、女方要什麼就送什麼，希望這樣能讓自己成為女人心中「靠得住」的男人。很多男人都試過這一招。

但很多男人都失敗在這一招上。

因為這畢竟不是他們的本來面目，明明不是那樣的人，每次約會卻要一再假裝那是發自本能的，效果當然不好。

一個在女人面前老是那麼「靠得住」的男人，在其他時候恐怕就不那麼靠得住了，所以女人見到這種虛情假意的男人，反而會覺得不安。

女人們不大可能對那些表面熱情卻內心無情的男人產生長久的興趣。不管她們是抱著尋找知己的心理也好，抱著尋找人生伴侶的心思也好，都會把更多目光投注於那些真正重

情義、性格穩定持重的男人身上。

　　這種男人性情淳樸，因此也更能帶給女人持久的快樂感受。

　　和這樣的男子在一起會很開心，因為他從不要求女人什麼，對女人盡心盡力，所以不會給女性任何壓力。不光如此，這個男人一生個性如此，不是刻意裝出來的，他一個人獨處時也同樣快樂真誠。

　　要是性格相反的話，那是永遠不可能得到女性青睞的。比如鬱悶的男人；一天到晚在乎世俗眼光的男人；還有面無表情、不喜歡讓別人猜出他在想什麼的虛偽男人，都不可能吸引女人的真心。

　　同時，有點傻勁的男人不會像小孩一樣任性胡來。因為他內心世界寬廣，正因為內心世界寬廣，所以容得下女人偶爾耍點性子，也能容納她們的一些缺點，自然會使她們感受到人生的快樂。

　　這樣的男人很少有不成熟的舉動。有許多男人年紀不小，但一天到晚不自量力大做白日夢，得不到自己想要的東西就開始耍詭計，沒辦法控制自己永無止境的欲望，這無疑會使女人感到失望。女人對這方面是很敏感的，很容易就能分出真心誠意和無賴的區別。

　　因此，好以虛假情意來欺騙女人的男人是快樂不起來的。因為他內心裡一直存在著無法滿足的欲望，根本無心享

受工作和個人生活的樂趣。這種人得意的時候尾巴翹得比天高，遇到不如意時就表現出一副苦瓜臉。

相反，重情重義的人最懂得享受「過程」的樂趣，就算交了好運也不會樂得忘了自己是誰，因為只要過程愉快，結果如何也就不那麼重要了。

這樣的男人是快樂的，而且會不遺餘力地把快樂傳染給別人，所以，沒有女人會討厭這樣的男人。

6. 注重各種特殊節日

在特殊的日子給予女人祝福，會收到意想不到的收穫，想要男女交往順利，就從記住女士的特殊日子開始吧！

大家都知道女人重視節日。特別是對待自己的生日，她們更是關心備至。

女士在自己生日那天，收到了男士送的禮物，她們會特別的開心，覺得自己受呵護、受關心，是舉足輕重的，感到自己是世界上最幸福的人。當然，這樣說有些誇張，但絕對能得到女人的歡心。她們會很在意你記不記得自己的生日，在自己生日時你是否送過禮物，又是否為她做了特別有意義的事情。有一本書上這麼寫過：「女人可以原諒你在平常的日子裡對她關心不夠，但絕不能容忍你忘記了她的生日，在她的生日時對自己不夠好。」「你在一年 365 天裡，有 364

天對她特別的好，還不如生日那天對她好。」這些話充分地體現了生日對女性的重要性。因此，要取悅一個女人，不要忘記生日那天的一句祝福或一份賀卡。

女人愛幻想。她能容忍一個男人（男朋友）的所有缺點，但不能容忍他的不浪漫。特別是在生日那一天，她總希望能收到一個意外的驚喜，發生浪漫的情節。她們往往視生日為浪漫故事發生的紐帶，重視生日那天發生的所有事情，如遇到過什麼人，說過什麼話，做過什麼，收到過什麼禮物，聽到了多少祝福，哪種禮物或祝福使自己最為感動等等。所以，只要你抓住了這一機會，不忘寄張卡片給她，裡面寫了令人感動落淚的祝詞或送一份精心製作或選購的禮物，能使人想起以前的美好回憶或引起對未來的憧憬，又或者精心安排一個浪漫的生日晚會，都會讓女主人留下永恆的回憶。只要她深受感動，她也就不會吝於給你更多的關心與愛。

即使是一位女性朋友的生日，你若想使二人之間的友誼更濃厚，也應該把她的生日牢記在心裡或寫在日曆上。在那一天送一張精美的賀卡或可愛的小禮物，肯定會使那個朋友開心，把你當成要好的朋友。

賀卡的祝詞，根據二人之間的關係而定，若二人關係十分密切，平日裡無所不談，對祝詞可以無須太多考慮，只要把你想說的寫出來就好了。如「祝妳越來越可愛」、「祝妳早

日找到好老公」等都可以。要是你們倆人的關係還不是那麼好，最好不要使用這種言詞，多寫一些心情、感情、精神方面的用語。如「祝妳天天有個好心情」、「願快樂永遠伴妳左右」等。太過表示親密的言詞，會讓人感到你這人很膚淺，對你持有戒心。特別是參加她的生日派對時，一定要考慮到二人之間的親密程度，言詞要小心。一般的朋友，就用「祝妳事事順利」等比較嚴謹的話，要是冒冒然就說「妳真美，太迷人了」等言語，弄不好會令這位女士的男朋友懷疑你的「居心」。

除了朋友之外，即使是女上司、女同事、女下屬，你也不妨在生日那天送一份祝福。雖然彼此之間不十分熟悉，但透過此舉會使你們之間的關係增進。女上司會因此而注意到你，讚嘆你的細心；女同事會因此對你深深感激，主動幫你解決你遇到的困難；下屬則會因此對你更加服從，工作更加努力。不過，你所要送的祝福就要更加考究了。賀卡上不能有俏皮的字句，禮物不能太過貴重，不然也會使人誤會。其實，對於此類情況，你只要簡單地說一句：「生日快樂！」表示一下你的祝福便可以了。

還有，不要以為已經結婚了就不必大費周折地去慶賀太太的生日。已婚的女人也非常重視自己的生日，她會以生日的表現衡量你對她的愛是否減退。所以，不論平日裡工作有多繁忙，在妻子生日時一定不能忘記給一份祝福。

聰明的丈夫一定不會忽視太太的生日，會一如既往地為之慶賀。送她一束玫瑰，表示自己對她仍關心備至，可為這個家庭增添浪漫的色彩。或準備一次溫馨的燭光晚餐傾聽當年的美好時光，又或者與孩子一起做一份豐盛的宴席讚美她對於家庭的付出，這都會使太太們更加愛你。你要向她表示，你的工作很忙，但你還是會抽時間為她慶祝生日，這就能證明對她的愛很深，而且十分感激她對你的照顧及對這個家庭的照顧，你會為她繼續努力，你所做的一切都是為了給她更多的幸福。這時，妻子就會心滿意足，覺得沒有嫁錯人，對你更是關懷備至，使這個家庭更加美滿和諧。

7. 女人有時也不妨主動一些

當今時代已不再是男人的天下，越來越多的女性參與社會生活，因此女性也應該擺脫傳統束縛主動與男性交往，拓展社交空間從而開拓自己人生成功之途。

女性因其固有的害羞天性，總是讓自己無論在社會上還是在職場中都處處被動，隨著女性對成功的渴望，現代女性也應徹底打破舊觀念的束縛主動與男性交往。

女性學會與男性交往，會對自己的性格塑造和事業發展都具有重要的影響。

達芙妮三十出頭，雖然她不想成為孤家寡人，但還是子

然一身，過著孤單的日子。她是一個大公司的祕書，在那裡，她每天都要接觸很多令她動心的男人。雖然她很想和他們任何一個人約會，但她卻從未有過，依然獨守空閨。達芙妮努力想和這些男人中的任何一個約會，她坐在桌子後面痴痴地等待，希望被他們注意或者邀請。在家裡時，她眼睛緊緊盯著電話，希望有人問候或打電話給她。她一邊等待，一邊幻想和她傾慕已久的這個或那個男人的關係會怎樣地美好，想像他們的婚姻、家庭、孩子如何地幸福美滿等等。她想這些事情簡直想瘋了，但結果卻使她失望，她一無所獲，因為迄今為止任何浪漫的事情都沒有發生。實際上，從那以後，事情有了轉折，她一邊怨恨男人沒有邀請她，一邊自怨自艾，承認自己沒有魅力。

　　達芙妮的態度和休妮的態度形成強烈的對比。休妮三十五六歲，在政府機關工作，經常主動創造機會和她想認識的一些人約會。當休妮發現某個男人令她怦然心動時，她就從多方面試探對方的反應是熱情還是冷淡。比如，如果她夢寐以求的對象喜歡猜謎，她就找出某種東西，使他對她產生興趣。她也會注意他在辦公室（或任何地方）的活動規律，以便能夠計劃在何時或者何地安排和他見面、接觸，她果然和對方頻頻往來了。雖然她的方法是如此的與眾不同，是如此的率直和精明，但是，休妮不斷努力的結果是她和她怦然心動的人交往了，而且接下來的這種互相交往通常也是

男人所樂意的。

女性該如何與男性交往呢？

（1）以情感人，以理服人

女性在社交中自然會遇到形形色色的人。但不管是誰，與之社交的原則是以情感人，以理服人。情是理之先，理是情的堅強後盾。在漫長的社交生活中，不可避免地要遇到各種麻煩、糾纏甚至侮辱。當此不利環境，切戒嗔怒，這會有損於自身的形象，讓對方瞧不起，從而陷自己於更不利的地位。正確的方法是以「理」作為有力的武器，所謂動之以情曉之以理，就是這個道理。同時，也要注意用「情」過度或者得理不饒人，一切均在適度之中，只要善於駕馭情理，你就掌握了社交的原則，就會應付社交中出現的各種情況。

（2）提高表達能力

女性在少女時期就應該學會談吐優雅大方，妙語如珠。同樣要表達一個內容，會有數種說法。用不同的說法會產生不同的效果。怎麼說話能收到最佳效果，需要長期的實踐中不斷探索和總結。如果感到自己表達能力不夠好，不妨把社交中遇到的特殊事例簡要地寫下來，加以研究，一定會有所收穫。時間久了，日積月累，將會感悟到語言的無限魅力和奧妙，當妳覺得和許多人能夠會心地交談時，妳的社交便達到了一種更高的境界。

在社交中，抓住共同語言、共同感興趣的東西很重要，這樣才有話可說，才能深入地交往下去。如拘於刻板，循規蹈矩，就會使人感到寡淡無味，喪失興趣。

（3）注重自己的身體語言

一個人揮手擺手，點頭搖頭，一顰一笑乃至於穿著打扮，無不向外界無聲地傳導著自身的訊息。或欣賞或厭惡，或贊成或反對，或歡樂或悲傷，或瀟灑或深沉，無須言語，別人一望而知。少女在和別人交談時，就應善於運用自己的身體語言。

使用身體語言要注意讓對方明白你的意思，切忌模棱兩可含含糊糊，也不要過於直露。表達不清，別人往往誤會；太過直露，別人會認為妳輕浮。

（4）堅持獨立的個性和原則

在人際交往中，人們往往喜歡和有個性的人交往，那些失去本來面目，處處帶著假面的人只能招致別人的厭惡，少女時期也應當朝獨立、富有個性的方向發展，在社交中，碰到別人要求做而自己又不願意做的事情時，要堅決反對；對自己認為錯的東西，要勇於提出不同的意見，大膽陳言，表明自己的立場和態度。絕不能逆來順受，這樣不但失去個性特點，使人覺得軟弱可欺，而且可能導致身不由己的境地甚至某些方面的憾事。

（5）學會保護自己

少女的社交中，會遇到不同的人，正直的、善良的、醜惡的，都可能碰上，在人生的大舞臺上，天真無邪的少女處世要處處留心，多多設防，從細微處看人，由表及裡地分辨人，看清善惡，善者近而惡者遠，即所謂近賢者遠小人。對那些心術不正的人，一旦認清其面目，就該當機立斷，不再交往，免得貽害無窮。另外，不要輕易相信素不相識的人，最好不要與陌生人單獨同行，特別是夜深人靜時。此外，還要學點法律知識，用法律來保護自己，只有如此，才能正常地與人交往，開拓良好的人際關係。

應特別強調的是，加強自身修養、潔身自好是十分重要的。所以，樹立正確的人生觀，加強自身的修養是保護自己的首要條件。

8. 女人誇讚男人的技巧

身為女性，直接直白地誇讚異性，會使自己的形象受損，因此，女性在稱讚男性的時候，要懂得使用含蓄、婉轉的語言。

雖然有時候妳的讚美並沒有其他的含義，但直接說出心裡話，有時候可能會引起不必要的誤會。如果是因為真心地讚美卻引起誤解，不僅達不到取悅別人的目的，反而適得其

反，甚至會引起別人的厭惡或疏遠。何況女性應適度的含蓄和講究語言藝術，否則即使對方不誤會或無所謂，也會顯得自己沒有內涵，沒有氣質。在現代社會，自我形象非常重要，是人際關係好壞的關鍵，它猶如一件外衣，在「只敬衣來不敬人」的環境中，自我形象的優勢就是妳成功的一張王牌。其中有一種很有效的方法，就是借助別人的口，間接地讚美別人。

例如，在聚餐的時候，妳碰到以前的男同學。這位同學事業有成，同時妳又很想與他保持良好的朋友關係，這時如果說：「你現在有很好的工作，又有成就，身邊肯定有許多女孩子。」這些話不僅顯得沒有內涵、勢利，甚至會引起這位男同學誤會妳是否在暗示喜歡他。因此，要避免這種誤會，就要學會借別人之口。妳可以說：「聽別人說你最近做了一筆大生意。」或者「他們說你剛開了一間公司，恭喜。」之類的話。

這些話有如下的特徵：①雖然不是別人說的事實，是妳本身掌握的事實，但妳可以把它說成是別人告訴你的。②至於是誰說，大可不必說出來，否則會引起不必要的麻煩。③用別人的話來帶出讚美。話語間是別人的讚美，但實際上是妳的讚美。這樣的話不僅能準確地傳達妳的意思、想法，還能使對方高興愉快的接受。

這種讚美的話在日常生活中會使妳有一個愉快的生活工

作環境，如果是運用在有目的的外交手段，它就會變成一種請君入甕的方式。中國古代對這種手段運用非常嫻熟。舉個例子，在三國中，貂蟬就是利用它來達到自己的目的。

貂蟬為了挑撥呂布與董卓的關係，故意接近呂布。她對呂布說：「妾雖在深閨，但久聞將軍大名。本以為在這世上就將軍一人有如此本領，但聽到別人閒言，說將軍受他人之制，如今想來，著實可惜。」說罷，淚如雨下。呂布聽了很慚愧，滿懷心事地轉身抱住貂蟬，安慰她。貂蟬利用別人的傳說把呂布稱讚得世間無人能及，挑起呂布的虛榮心，再巧妙地挑撥他受董卓之制，身為一個熱血男兒，又怎能受到如此之羞辱呢？這些片言隻語，正是以後董卓與呂布之間矛盾的導火線。因此，借助別人之口的手段，其威力可見一斑。

其實，許多男性的想法和行為與呂布相差無幾。他們既希望得到女性的看重，又希望得到一世英名。所以當有女性這樣讚美她，而且又聽到是別人說的，就會令他有種錯覺，覺得自己很了不起。同時為了維護這份虛榮，他就會做一些自己也不清楚究竟是對是錯的事，不過，有一點可以肯定的，是他對妳的話沒有什麼戒心。

借助別人的話來表達讚美還有一種妙用。就是使妳的立場模糊，化主動為被動。

在某雞尾酒晚會上，妳剛認識了一位男性。這位男性瀟灑大方，而且妳從朋友口中得知他還沒有女朋友。他開的車

看起來經濟情況還不錯，妳想接近他，了解他更多一點。如果妳想讓他留下一個好印象，如何開口就是關鍵的一步。在這種男人周圍，應該也有許多女人想接近他，因此妳想贏得他的好感，就必須表現得不卑不亢。但因為是妳先開口，處於主動地位，所以就要以穩取勝，這時借別人之口就派上用場了。當朋友介紹你們認識後，妳可以說：「據說你瀟灑開朗，以前只聞其名，今天看來的確如此。」這樣的開場白不僅暗示了妳對他有興趣，而且也引起他的興趣。最重要的是它為妳帶來機會的同時也能掌握主動權。

整體來說，這種借他人之口，間接讚美男性的方法有如下的妙用：

①表達自己心裡話的同時，又不會招致別人的誤會。這猶如一把適度的尺，保持異性之間應有的距離。

②如果運用在外交的方面，這就能成為請君入甕的必殺武器。它專門利用別人的虛榮心理，利用別人愛維護自己面子的自尊心來達到目的。這些目的可以是挑撥離間，可以是激將法，總之，如能靈活運用，必使對方不知不覺地進入妳的圈套。

③它能使妳猶如置身於紗窗之外，讓對方對妳的意圖有大致的了解，但又不至於太直白，不致使自己處於尷尬或無路可退的地步。特別是用於異性交往中，「因為有距離才有美」，有時太直白的話使人索然無味。

　　不過，在使用這種方法的時候，有些地方是要注意的。
首先，不要讓對方清楚妳的意圖，否則，妳的表演只會成為
他的把柄，甚至是被反擊得體無完膚。其次是沒有必要指名
道姓地說是誰說的，也許他容易會錯意或日後留下隱患。再
者就是說這些話時不要用打聽的語氣，因為道聽途說畢竟有
多事之嫌，所以要慎重選擇妳的話題。

八、巧取人氣，社會交往重真誠

1. 巧妙推辭，製造人情債

　　人際交往不會永遠是一帆風順的。有時自己提出的要求被人拒絕，有時不得不拒絕一些熟人、朋友、親戚向自己提出的要求。只是由於人情關係、利害關係等等，很難說出一個「不」字。這時怎麼辦，這就需要「婉拒」，即委婉地加以拒絕，它能使你輕鬆地說出「不」字，幫你打開人際關係的僵局。

　　「今晚打幾圈麻將吧！」、「下班後一起去 XX 餐廳喝一杯吧！」當你面對這些請求時，該如何拒絕呢？

　　這種情況下，我們可以用親人作為「擋箭牌」，你可以這樣說：「抱歉，母親在等我回家呢！」、「說實在的，我內人……」、「小孩今天身體不舒服，我得趕回去……」這樣，別人就不好強求了。

　　還可以以工作或功課為理由來拒絕對方。有位朋友，如果有人對他說：「今晚去喝一杯吧！」他總是回答：「今晚我必須到 XX 教師家學習外語……」

　　還有位司機常有同事邀請他參加聚會，由於這位司機不太習慣那種場合，總是盡力推辭。從他的工作性質來說，每天很忙，所以也往往以此為理由，對他們說：「我明天要早起出車，今晚必須早點休息。」就這樣輕易將聚會推辭了。

　　用拖延來表示拒絕，也是一種方法。比如你不想去參加某人的宴會，可以對他說：「謝謝，下次我有空一定去，今

晚就不去了。」表面上並沒有拒絕對方邀請，只是改個日期
而已，但這個「下次」是沒期限的，聰明人一聽就知道這是
一種委婉的拒絕。當然，這比「沒空，不去！」更容易讓對
方接受。

2. 春風化雨，進行感情投資

很多人不習慣當面說人家好話，譬如不好意思對一個女
孩說：「妳真美。」聽的人也常故作謙虛。人家說：「你這身
衣服很好看。」他會回答：「咳，窮人吃不起二兩肉，這身
衣服真上不了臺面。」

另一方面，有的人在某些場合，阿諛奉承，拍馬溜鬚，
一點也不臉紅。

我們希望培養一種是好說好，是壞說壞，公正坦率的社
交態度。

有鑑於此，當我們對別人進行好的評價，用語要恰當，
一不能被人看成是討好巴結，二不能被誤解為別有用心。

如果對某個人的才華感到敬佩，不要顯露地說「你學富
五車，才高八斗」之類陳腔濫調的話，可以說：「我很敬佩
您刻苦學習的精神，而且可以看出，您的學習方法很好，所
以容易見效。」

稱讚一個異性身材好，可以這樣說：「你可能學過健美

操吧。我也很想學學，不過我這體型可能學了也沒用。」

　　要恭維別人，以笑臉相迎，替主管提公事包，點菸……等等，都必須是發自自然的反應，這樣才能使上司高興。

　　有一位先生，非常樂於助人，他曾任職於一家廣告公司，得地利之便，搜集資訊十分容易，不論是好友或是初交往的人，他都能針對對象提供他們不同的資料。

　　或許他的記憶力特別好，在每天處理的大量資訊中，遇有認為適合某人的資料，就立刻把它抽取出來，複寫或影印一份，然後加上標題註明，再送給對方。由於這位先生分送給許多人他們所需要的資料，因此在社會的各個層面都十分活躍。當他死後舉行葬禮時，很多人前來悼念他。

　　年輕的朋友們應該向這位先生學習，自然而然地為別人做事，恭維別人，取得別人的好感，廣結人緣。

　　幫忙別人時應該注意下列事項：一、不要使對方覺得接受你的幫助是一種負擔；二、要做得自然，也就是說在當時對方或許無法強烈地感受到，但是日子越久越體會出你對他的關心，能夠做到這一步是最理想的；三、幫忙別人時要高高興興的，如果你在幫忙時覺得很勉強，意識裡存在著「這是為對方而做」的觀念，這是不自然的表現。

　　如果對方也是一個能為別人考慮的人，你對他的幫忙，絕不會像打出去的子彈似的一去不回，他一定會用別種方式來回報你。

3. 設身處地，使人同情

　　身為企業主管，都深感人事調動問題的棘手。雖然是反覆研究，權衡比較做出的決定，仍不免引起部分人的不快、怨恨。被降職者，自不必說；而有人儘管沒被降職，卻也由於別人的升遷，而產生自己地位下降的感覺，有人本來只是一般的調動，但也會冒出被人輕視的念頭。凡此種種，都會讓主管人事工作的幹部頭痛心煩。某大企業有位人事主管，很有些處理人事調動問題的成功經驗，即使是被降職使用的職員，他也可以使其心情舒暢地接受調動。

　　據這位主管所言，要讓員工接受降職的工作，應該先和他個別交談，先給對方時間，耐心十足地傾聽對方的意見、想法。一等到對方把心中的苦惱、牢騷全部傾吐完，且已感到疲倦時，然後才說：「我非常理解您的苦惱。」

　　聽上司這麼一說，對方的情緒即可安定下來。然後他繼續說：「假如我站在您的角度看，我將認為這是一次機會，去小一點的營業所工作，其好處是：一、人際關係好處理；二、可充分發揮一個人的才幹。而且，有不少人就是在小營業所做出了成績，最後被提拔的。」這樣一來，對方的被貶職、受輕視之感就會減輕許多，最終接受新的工作。這種勸誠方法，可說是協調人事關係的高明技巧。

　　說服一個人，絕不要下車伊始，大發宏論，應該暫緩表

述自己的真實想法，先聆聽對方的意見，直到對方全部說出心裡話，發盡牢騷然後再以理解對方的姿態來勸誡、建議。要使對方感到你體諒他，的確在為他著想。最後，神不知，鬼不覺，就讓對方輕鬆地接受了你的意見。

人們可以觀察到，那些解決別人煩惱問題的專家們，總是在細心聽完煩惱者的傾訴後，再以「如果我處在你的位置……」、「假如我是您……」一類的話作為開頭語，進而才提出自己的忠告。這就使對方產生「他真誠地幫助我」的感覺。即使眼下的意見事實上於對方不利，對方亦難以察覺。

這一技巧的關鍵在於：勸說對方時，態度要誠懇，使人看起來是推心置腹，這樣別人才會相信。

4. 為他人分憂解勞，建立友誼

容娟、莉如、連君，學生時代是形影不離的三劍客，私交甚篤，畢業多年仍是好朋友，只是一個在銀行工作、一個是廣告人，另一個則執教鞭，加上分居南北兩地，難得聚一聚，好不容易三個同時有空，說好一塊去渡假。

「莉如，前一陣子聽妳說很忙。」

「是呀！工作忙就算了，家裡還不斷要妳換工作、相親嫁人，甚至頻頻盤問晚上哪去了，我都在加班，他們又不是不知道，問什麼問。煩哪！」莉如連連發出不平之鳴。

「妳算什麼，我都快鬧家庭革命了，交個男朋友，鬧得滿城風雨，天天打電話查勤，只要下班沒馬上回家，就說我約會去了，害得我連朋友的面也見不得。喂！莉如，下次我老爸要是打到妳那去找人，妳可要幫我編個理由……」好好的一個假，不料，卻三個人盡發牢騷，平白浪費了好山好水的風景，每次說好不談那些令人不愉快的事，怎麼嘴巴就是不受控制，又聊了回來呢？她們只好安慰自己：「為了心理健康，發完牢騷才能快樂地生活。」於是她們把這種年度聚會定名為「垃圾假」，顧名思義是倒垃圾用的。

朋友是做什麼用的？有相當大的份量是用來吐苦水的。

很多時候我們的情緒不穩定是因為心裡積壓了太多的心事，把心事說出來，雖然不見得能解決什麼問題，但至少可以減輕我們的心理壓力。

不相信的話，那麼問問自己，在眾多好友當中，從不曾和你吐過苦水的有幾位？一定是少數中的少數吧！

再問問自己，當我們有心事時，會想找什麼人訴說？

一個我們信得過、夠了解我們、能夠理智客觀幫我們看清事實、非局中人的對象。

人就是這麼奇怪，對於最親近的家人反而沒辦法掏心挖肺，對於朋友，說起話反倒像關不住的水龍頭，一發不可收拾。難怪有些父母感慨，兒女有話都不和他們說，有事都找朋友去了，當然這也是因為長期缺乏溝通的緣故。

在我們成長過程當中，和我們一起成長，最了解我們的，自然就是與我們最親的朋友了。

而我們發牢騷的時候也有顧忌，會顧慮到他是不是當事人，和當事人親不親，這樣他的立場才客觀，我們與對方也沒有任何利害關係，說起話來才能暢所欲言，毫無顧忌。因此，國外有心理醫師的制度，與一個具有專業素養的陌生人談心事，才會沒有顧慮，毫不保留。

的確，把不愉快的事悶在心裡，是有礙心理健康的，所以當朋友找我們吐苦水，當然是盡可能讓他發洩個痛快，哪天換我們有苦水，也才好意思「打擾」朋友。

因此當朋友一多，一個小小的垃圾桶也會累積成一「座」不小的垃圾山，而應付諸多好友的垃圾，自然需要一套方法。

最嚇人的一種情況，是朋友一見面，二話不說，晶瑩的淚珠一顆顆掉落下來，我們心裡不由直呼：「慘了！事情大條了！」手足無措不知該如何是好。

哭，是情緒的發洩，對於穩定情緒具有正面的作用，我們不是經常在連續劇看到痛失至親好友的人，由於受不了太大的刺激，無法正常反映他內心的傷痛，後來總是有人看不過去，想辦法讓他哭出來，才解了他的心結。

遇到朋友哭的情況也是相同，哭是好事，表示他還有感受力，能夠接受受傷的事實，他想哭就讓他哭個過癮，遞過

一盒面紙，毋須言語陪著他慢慢哭，直到他的心情平復下來為止。

如果真是無法忍受他那關不住的水龍頭，帶他走走。散步，也有鎮定情緒的效果，陪他走段路，讓他感受友情的溫暖，漸漸地他的情緒就平穩下來了。

5. 受歡迎的六種方法

（1）對他人感興趣

一個對周圍的人感興趣的人兩個月結交的朋友，比另一個力求周圍人對他感興趣的人兩年結交的朋友還要多。

不過，我們知道有一些人一生都在努力使別人對他感興趣，而他們自己卻對誰也沒表示過任何興趣。當然，這不會有什麼結果。人們對你和我都不感興趣，他們首先對自己感興趣。

為了交朋友，不能自私，要努力關心他人，為此需要時間和熱情。有一位親王為周遊南美洲，曾花幾個月的時間學習西班牙語，以便用該國語言進行公開演講。這使他贏得了南美洲居民的熱愛。

因此，如果你想引起人們的興趣，應該遵循的第一條準則是：「對人們表示出真誠的興趣。」

（2）留下好印象

不久前，在紐約的一次宴會上，賓客中有一位繼承了一大筆遺產的婦女，她渴望讓所有人留下美好的印象。她拿出自己的財產購買貂皮、鑽石和珠寶，但她未曾注意自己臉上易於激動和自私的表情。她不懂得每個男人都清楚：女性的臉部表情比她的服飾更重要。

行動比語言更富有表現力，而微笑似乎在說：「我喜歡您，您使我幸福，我高興看見您。」這就是我們為什麼喜歡狗的原因吧！狗總是很高興看見我們，喜悅地跳來跳去！自然，我們也高興看見牠。當然也有裝出來的笑容，不過這種笑誰也瞞不過。裝出來的笑容只能使人感到痛苦。我說的是真誠的微笑 —— 使人感到溫暖的微笑，發自內心的微笑。

（3）記住對方的名字

吉姆·法利從來沒有上過中學，可是他 46 歲時卻獲得了學位，成了美國民主黨全國委員會主席和美國郵政局局長。

有人跟法利談話時，問他成功的祕訣。他說：「我能記住 50,000 人的姓名。」

這是真的。這種能力幫助法利把富蘭克林·德拉諾·羅斯福送進白宮。

在吉姆·法利擔任石膏企業董事長和公司祕書的年代裡，他規定自己必須記住與之往來的人的名字。非常簡單，

無論跟誰認識，他都要弄清這人的全名，詢問有關他家庭、職業和他的政治觀點。法利把所有這些情況都裝在腦子裡，當下次再遇到這個人時，甚至過了一年，他也能拍著這個人的肩膀，問他家庭和孩子的情況。他能取得光輝的成績，一點也不奇怪。競選前幾個月 —— 當時羅斯福是美國總統候選人，吉姆‧法利一天內寫了幾百封信，發往西部和西北各州。他又在 20 天裡到過 20 個州，乘馬車、搭火車和汽車，一共走了 2,000 英里。每到一個城市他就停下來，在早飯、午飯或晚飯時間會見選民，和他們促膝談心。

法利一回到東部，就寫信到他去過的每個城市。人名冊上有數千個人的名字。不過名單上的每個人都收到過吉姆‧法利的親筆信。這些信開頭全是「親愛的威爾特」或「親愛的約翰」，末尾的簽名全是「吉姆」。

吉姆‧法利早就確信，每個人都特別對自己的名字感興趣，其感興趣程度勝過世上所有名字的總和。

（4）成為好的對話人

成功交談的祕密在哪裡？著名學者查爾斯‧艾略特說：「一點祕密也沒有……專心致志地聽人講話這是最重要的。什麼也比不上注意傾聽更能表示對談話人的恭維了。」這非常明白。不是嗎？我們知道有這樣一些商店老闆，他們選最好的店址，進貨講經濟效益，花了數百美元做廣告，但卻僱

用了這樣一些售貨員 —— 他們不注意聽顧客講話，經常打斷顧客的話，對他們顯出不耐煩的樣子，惹顧客生氣，從而使顧客離開商店。

如果想成為被人喜歡的人，請記住第四條準則：「要善於傾聽別人並鼓勵其說話。」

（5）激起他人的興趣

所有在西奧多‧羅斯福莊園裡和他談過話的人都讚嘆他知識淵博。

「無論是西部牧馬人，還是紐約政治家或外交家來到這裡，」特德福特寫道，「羅斯福都善於找到與他交談的話題。」

怎麼能做到這一點呢？很簡單。羅斯福在等待來訪者的時候，常坐到深夜，閱讀可使那位客人感興趣的資料。

羅斯福知道，想找到打開人心扉的鑰匙，必須和對方談他最嚮往的東西。

假若你想使人喜歡你，就遵循第五條準則：「請談論使你的談話對象感興趣的東西。」

（6）尊重他人的優點

有一條十分重要的涉及人們品行的準則。只要不輕視這條準則，你幾乎永遠不會落入困難的境地。遵循這一準則的人將擁有眾多的朋友並經常感到幸福。誰違反這條準則，誰

就會遭受挫折。這條準則是：「尊重他人的優點。」

　　想得到你所接觸的人的讚揚，想讓別人承認你的優點。想在你的生活中感到自己能發揮些作用，那麼請務必遵循這條準則。

　　保守的日本人如果看到日本女士和歐洲人一起跳舞，會暴跳如雷。

　　成千上萬印度人感到自己如此高貴 —— 沒到嘴邊的食物他動也不動。

　　在愛斯基摩人中很少碰到不愛勞動的流浪漢和吊兒郎當的人。愛斯基摩人稱他們為「白人」 —— 最低下、最卑劣的人。

　　每一個民族都認為自己優於其他民族，這成了愛國主義的基礎。但是，即使對於自己相當有自信，與人交往時仍應尊重他人的優點，適度謙卑，才能成為受歡迎的人。

九、左右逢源，上下交往得人心

1. 想上司之所想，急上司之所急

上司也是人，並且是和你一樣的人，他也有頭痛的事，也希望別人能夠幫助他解決問題，度過難關。聰明的下屬，在這時就要想上司之所想，急上司之所急。

王猛，字景略，北海劇縣（今山東壽光東南）人，生於西元 325 年，卒於 375 年，十六國時期任前秦的宰相。王猛從小家裡很貧窮，靠賣畚箕過日子。當時，關中士族嫌他出身低微，瞧不起他，他毫不在乎。後來遷居華陰山。他很喜歡讀書，特別愛研究兵法，是位知識淵博、很有謀略的人才。

西元 354 年，東晉派大將桓溫攻打前秦，到了關中。前秦王苻堅帶領秦軍奮力抵抗，結果連連失利，只得退守長安。可是晉軍到了離長安不遠的灞上（今西安市東南），即按兵不動了，誰也思索不出桓溫的用意。有一天，一個穿著一身破舊短衣的讀書人到軍營求見桓溫。桓溫正想招攬人才，聽說來了個讀書人，馬上很高興地接見了他。王猛走進營帳，將士們見他身穿破舊短衣，行動舉止不拘小節，根本不像讀書人，心裡覺得十分可笑。桓溫也覺得很納悶，想試試王猛的學識才能，請王猛談談當今天下的形勢。

一提起天下大事，王猛便滔滔不絕地談論起來，他一面談著，一面把手伸進衣襟裡不停地東抓西摸，起勁地捉著身

上的虱子。看著他的樣子，將士們差點笑出聲來，但王猛卻旁若無人，照樣跟桓溫談得起勁，把南北雙方的政治軍事形勢分析得一清二楚，見解十分精闢，桓溫十分驚奇，認為江東人才，沒有人能及得上他。

桓溫又問他說：「這次我帶了大軍，奉皇上的命令遠征關中，為民除害，為什麼地方上的豪傑到現在還不來見我呢？」

王猛淡淡一笑說：「將軍不遠千里而來，深入敵人腹地，而今長安就在眼前，您卻留在灞上不去攻打，大家不知道您心裡怎麼打算，所以不願來見您啊！」

王猛這一番話正中了桓溫的心事。原來，桓溫北伐，主要是想在東晉朝廷樹立他的威信，制服他在政治上的對手。他駐軍灞上，不急於攻打長安，正是想保存他的實力。王猛在桓溫想招攬人才時，毛遂自薦，使他淵博的知識和謀略的才能得以實現。更重要的是，王猛能準確地分析出桓溫的意圖和想法。於是深得桓溫的看重。

桓溫從關中退兵的時候，再三邀請王猛同回江東，王猛不肯，仍舊回到華陰山過著隱居生活。但這個捫虱而談天下的讀書人卻出了名。

就在這一年，苻堅世襲了前秦東海王的爵位。為了擴展自己的勢力，苻堅急於招賢納士，想找一個得力助手，有人向他推薦漢族人王猛。苻堅立即派親信去請，並隆重歡迎

他，兩人一見如故，談到國家大事，更是一拍即合。苻堅高
興得不得了，把王猛留在身邊，嘗自喻為「若玄德之遇孔明
也」。

西元 357 年（昇平元年）苻堅殺死了苻生，即位稱帝，
號大秦天王。任命王猛為中書侍郎、始平令、太子太傅、丞
相，一年裡被提升了 5 次，權力大得沒人能跟他相比。史書
稱「歲中五遷，權傾內外」。

王猛後來被苻堅看重，同樣還是由於他能準確地為上
司 —— 苻堅「號脈」。苻堅仰慕他是因為桓溫一事，而真正
重用提拔他，則是因為他跟苻堅「一見如故」和「一拍即
合」。他既然能如此想上司之所想，後來「歲中五遷，權傾
內外」也就不足為奇了。

2. 成為主管的靈魂下屬

如果說企業的靈魂人物能博取老闆的重視，那麼，成為
主管的靈魂下屬，更能使你贏得老闆的歡心。

主管 —— 在現代金字塔狀的層級組織中 —— 會有多個
下級，這些下級並不都能令主管滿意，但他一定會有一些得
力下屬。對主管有好處的就是靈魂下級。

如果，你能擠入主管的靈魂下級圈，你也會得到意想不
到的好處。

（1）抱著提升主管的態度

「在今天的企業生涯中，最好的哲學是去提升你的主管。」

美國航空公司董事長亞伯·凱西指出：

「對任何一個希望自己能脫穎而出的下屬而言，運用這套哲學同時亦能加強他和主管之間適當關係的互惠本質。

「能使一個經理人員突出的，就是替他工作的那些人。」美國鋼鐵公司前董事長艾德格·史皮爾指出：「只有他們才能擢升他。主管所要做的就是認清這點。」

你一定希望主管能看出這點。

如果你能把這點和推動下屬的好處連結起來，你和主管之間便有了基本的正確關係。

想想看，由於下屬的幫忙，你才能當出色的主管，因此，推動你的下屬，擴張他們的成就，便等於是在表現你當他們主管的成功。

同樣地，你也是你主管的下屬之一。因此你應該以下屬擢升你的方法來擢升你的主管 —— 就是去做他急於表現給他的老闆看的工作。

你和主管之間若保持正確的關係，可使他知道你了解這種互相依存的關係，並顯示出你願意出力去擢升他。

要辦到這一點，你一開始就要積極主動地尋求更多的工作，盡可能地承擔更多的責任。

（2）第一步和第二步

第一步，你一開始所要找的必須是合適的工作，也就是不容易做好的工作。

除非你證明自己能做這種工作，否則你的主管不敢冀望你會產生使他和你都能被擢升的表現。因為容易的工作是不可能為任何一個人取得高分的。

「在我們公司的工程部門」，福特汽車公司前總裁寶南·皮特森指出：「凡是負責棘手工作的人，在發布一項新產品時，都會提到他們的名字。當你必須接下一項工作時，那是非常非常真實的。和那些永遠把工作做得很好，卻老是停留在『進行』中的人比較起來，這些人不但測試了車子，加以改進，並且還寫好了測試說明書。」

「即使那種永遠停留在進行中的人，曾經做好一件非常完美的工作，但他們的表現還是不同於那些能一口氣完成設計手剎車、方向盤裝置及底盤設計等工作的人。通常你一定會注意任何一個必須承擔，並且肯說『這是我的工作』的人。」

「你也會找出那些你以為是理想接棒者的人，可是經過十年、十二年，他們承擔不起任何一項設計工作。當子彈擦身而過時，他們只會去閃避它，而不試著反擊。」

和主管建立正確關係的第二個步驟是：為自己建立一個永遠正確的名聲。

它的訣竅是除非你有十分把握，否則不要發表絕對的聲明或意見。不論如何深思熟慮，你都得把你的意見和你對事情堅定的主張區分開來。

所以，在發表你的意見之前，切記要加上一句開場白：「我想……根據我的看法……我認為……，」千萬不要用這種口氣：「現在聽我說……」

當然，你對自身工作的實質內容，應該永遠有把握，十分肯定。對於這方面，雖然各人觀點不同，但你應該讓你的主管知道：當你在陳述你所帶領的困難活動時，你說的就是絕對的真理。

這就是你向主管報告之前，應該自動自發地做好的準備工作。不過，許多高層主管都堅持，做準備工作，絕不能像做例行公事一樣。

有一點需要補充的是：

你必須對你的主管完全坦白，正如你要求你的下屬對你直率一樣。你絕不能讓主管覺得你有可能在某個時候矇騙他。

「如果我發現一位公司經理向我所做的報告，有任何不坦白的地方，」某某機電公司的董事長包波克指出：

「他將得不到分文獎金。因為，他不該用那套『推銷作風』來對付我。」

不過，話說回來，要讓主管知道你的成就，又是另外一

185

回事。在這方面，你需要用一點間接、迂迴的技巧，才能避開令人反感的自我吹捧。

你必須做好充分而周全的準備工作。

美國航空公司前資深副總裁湯姆斯·普來斯凱指出：「員工們常會提出一份看似合理的分析報告，由於他們除了收集資料，做出一些虛浮的結論外，什麼事也沒做，因此，一旦你開始深入調查這份報告，它就輕易瓦解了。」

有一次，美國航空公司有意將幾項租用契約業務的價格提高，普來斯凱的幾位下屬針對此擬出了一份建議書，交給他過目，普來斯凱一看，立刻詢問他們用來修正價格的成本數字是否正確。經過深入調查，他發現這幾位下屬在擬定建議之前，曾向財務處詢問過一架飛機由甲地飛到乙地的成本如何。像平常一樣，財務處提供給他們的是完全配置好的成本費用，由於每架飛機都須負擔一部分公司的總經費，因此，這筆費用也包括在財務處所提供的成本費用之中。

「但是，租用契約業務是一種將資產增加利用來獲利的方法。」普來斯凱說。如果不運用這些飛機，它們將會閒置在那裡，既然如此，租用契約的價格便能降低 —— 實際上，你必須訂出具體有競爭力的價格才行。

由此可見，普來斯凱的下屬們並不了解所取得的數字，更糟糕的是，他們不會以質疑的態度去研究它。

普來斯凱結論道：「你是否能確定你要的是適用的資料，

這就靠你自己了。」

簡而言之，你必須做好充分而周全的準備工作，在陳述事實時，確定你自己所說的是對的才行。

3. 上司的威信必須維護

上司的「威信」，說到底應是由自己樹立並維護的，然而下屬有時對上司樹立並維護威信能夠發揮極其重要的作用，有時上司想不到的，下屬就要替上司想到，上司做不到的，也要替上司做到，上司一旦發現你的良苦用心，定會感激涕零。相反假若因上司想不到或做不到，而不注意維護上司的「威信」，這樣的做法必是愚蠢的。

鴻門宴中，范增的做法就讓我們不敢苟同。宴會上，項羽的謀士范增幾次示意殺劉邦，而項羽默然不應。之後劉邦設法逃脫。結果范增氣憤地說：「豎子不足與謀！」

本來項羽十分敬重范增，稱范增為「亞父」，由於鴻門宴上二人對劉邦各持不同的態度，范增離開了項羽。在這裡范增就沒能做到，在上司（項羽）決策失誤時及時補救，反而不惜破壞項羽的威信，甚至關鍵時刻，抽身就走，實在不是明智之舉。維護上司的威信，需要從一些小事做起，一件小事就能看出下屬是不是在真正維護上司的威信。

4. 自己做好事，功勞歸上司

做下屬的，最忌諱自伐其功，自矜其能，凡是這種人，十有九個要遭到猜忌而沒有好下場。當年劉邦曾經問韓信：「你看我能帶多少兵？」韓信說：「陛下帶兵最多也不能超過十萬。」劉邦又問：「那麼你呢？」韓信說：「我是多多益善。」這樣的回答，劉邦怎麼能不耿耿於懷！韓信的命運自然可想而知。

那麼怎樣做到既可得到建功立業所帶來的好處，受到上司長期的寵愛，又避免因此而產生的危險呢？那就是「有功歸上」。

下級賣力做事，然後將一切功勞、成績、好名聲都歸之於主管，而將過錯、罵名留給自己。試問對於這樣的下屬，哪一個主管能不喜歡呢？

田叔是西漢初年人，曾經在劉邦的女婿張敖手下為官，後來張敖被牽扯到一椿謀殺皇帝的案子中去，劉邦大為震怒，將張敖逮捕進京，並頒下詔書說：「有敢隨張敖同行的，就要誅滅他的三族！」

可田叔不計個人安危，剃光了頭髮，打扮成一個奴僕，隨張敖到長安服侍。後來案情查清，與張敖無關，田叔由此以忠愛主上聞名。

漢武帝非常賞識田叔，便派他到藩國魯國去出任相國。

魯王是景帝的兒子，自恃皇子的特殊身分，驕縱不法，掠取百姓財物不可勝數。田叔一到任，來告魯王的多達百餘人，田叔不問青紅皂白，將帶頭告狀的二十多人各打 50 大板，其餘的各打 20 大板，並怒斥告狀的百姓道：「魯王難道不是你們的主子嗎？你們怎麼敢告自己的主子？」

魯王聽了很是慚愧，便將王府的錢財拿出來一些交付田叔，讓他去償還給被搶掠的老百姓。田叔卻不受，說道：「大王奪取的東西而讓老臣去還，這豈不是使大王受惡名而我受美名嗎？還是大王自己去償還吧！」

魯王聽了非常高興，連連誇讚田叔聰明能幹，辦事周到。

唐朝李泌更諳「有功歸上」之道。李泌在唐代中後期政壇上，是一位頗有名氣的人物。他歷任玄宗、肅宗、代宗、德宗四代皇帝，在朝野中外有很大的影響力。

唐德宗時，李泌擔任宰相，西北的少數民族回紇族出於對他的信任，要求與唐朝講和，結為姻親，這可給李泌出了個難題，從安定國家的大局考慮，李泌是主張與回紇恢復友好關係的；可德宗皇帝因早年在回紇人那裡受過羞辱，對回紇懷有深仇大恨，堅決拒絕。事情僵在那裡。正巧在這時，駐守西北邊防的將領向朝廷發來告急文書，要求為邊防軍補充軍馬，此時的大唐王朝已經空虛得沒有這個力量了，唐德宗一籌莫展。

李泌覺得這是一個可以利用的時機，便對德宗說：「陛下如果採用我的主張，幾年之後，馬的價錢會比現在低十倍！」

德宗忙問什麼主張，他不直接回答，先賣了個關子，說：「只有陛下出以至公無私之心，為了江山社稷，屈己從人，我才敢說。」

德宗說：「你怎麼對我還不放心！有什麼主張就快快說吧！」

李泌這才說：「臣請陛下與回紇講和。」

這果然遭到了德宗的拒絕：「別的主張我都能接受，只有回紇這事，你再也別提，只要我活著，我絕不會和他們講和，我死了之後，子孫後代怎麼處理，那就是他們的事了！」

李泌知道，好記仇的德宗皇帝是不會輕易被說服的，如果操之過急，言之過激，不只辦不成事情，還會招致皇帝的反感，為自己帶來禍殃。他便循序漸進，在前後一年多的時間裡，經過多達 15 次陳述利害的談話，才說服了德宗皇帝。

李泌又出面說服回紇族的首領，使他們答應了唐朝的五項要求，並對唐朝皇帝稱兒稱臣。這樣一來，唐德宗既擺脫了困境，又挽回了面子，十分高興，唐朝與回紇的關係終於得到和解，這完全是李泌歷經艱苦，一手促成的。唐德宗不解地問李泌，「回紇人為什麼這樣聽你的話？」

如果是一個浮薄之人，必然大誇自己如何聲威卓著，令

異族都畏服，顯示出自己比皇帝高明，這樣一來必然會遭到皇帝的猜疑和不滿，李泌卻是一個極富政治經驗的人，他對自己一字不提，只是恭敬地說：「這全都仰仗陛下的威德，我哪有這麼大的力量！」

聽了這樣的話，德宗能不高興，能不對李泌更加寵信嗎？

田叔、李泌在處理較為棘手的上下級關係時，顯示了中國官場中人的智慧：得罪人的事情自己攬下，出風頭的事情都歸上司，這樣他才能立足並得到信任。

5. 別跟你的上司較勁

一個人無論如何成功，畢竟都有一個共同點，就是總有空虛和情緒低落的時候。如果主管下班後拉著你講私事，正是他有難解的心事。記著，他絕非特別欣賞你或信任你，別沾沾自喜，或者，步步為營才是你該採取的態度。因為萬一他後悔讓你知道太多私事，怕你向外宣揚，可能就會特別避忌你，如此一來，你的前途就大大不妙了。

如果你翌日上班，向同事宣傳昨晚的事，以抬高自己身分，肯定後果堪虞。還有，以為昨晚的相聚，等於與主管建立了穩固的友誼，所以見了主管就不停大拍肩頭，這舉動可能令你立刻失業！不可不慎。

其實，聰明的人應該採取相反的態度，即是對昨晚的事三緘其口，就是最要好的同事，也不透露一個字，裝作什麼事也沒有發生。遇見主管，要態度自若，保持你與他一向的距離，除非對方先提起。要是他仍是興高采烈，一副遇故知的態度，你始可放下心頭大石。

一次偶然的機會，你發現了一個祕密：已婚的上司竟與某女同事大搞婚外情。

其實，事情並不複雜，你只要裝聾扮啞，也就是說一切裝作不知，三緘其口。

例如，你本來約了朋友在某餐廳吃晚餐，當你踏入餐廳，卻赫然見到他倆，你可以假裝一派鎮靜，先環視一下四周，若你的朋友未到，事情就好辦得多，就當做找不到人，離開那裡，在門外等你的朋友。即使朋友已坐在餐桌前，你也可以走上前，當做有急事找他，與他一起離開那地方，再做詳細解釋。

要是你與友人先到，正用餐中，他倆才走進來，那就不妨在四目交接的情況下淡然地打個招呼，但不要與友人閒聊太久，最好比他倆先走，離開時記住不必打招呼了。

翌日返回辦公室，請當做若無其事，只管埋首文件堆。就是有同事私談有關兩人之事，還是絕口不提為妙。反正，在辦公室亂搞男女關係，不會有好結果的，聰明的你，對此等曖昧之事是避之則吉。

　　假設你的頂頭上司一直與你合作愉快，可是，最近他跟一位女同事大搞婚外情，在公在私，出雙入對，成為辦公室裡的熱門話題。有唯恐天下不亂者，還打算向老闆告他一狀，指責他公私不分。

　　你一定很想幫他一把，但且慢！你做個「諫者」要冒很大的險！要是他正處於想繼續羅曼史和對老闆的恐懼之間，他極有可能找一個目標來宣洩，而處於風口的就會是你！

　　他會視你為絆腳石、善妒者，或散布謠言的始作俑者，肯定會將過往良好的合作關係破壞殆盡，正是「好心沒好報」。

　　以另一個角度來看，一個頭腦精明的行政人員，根本就不會讓私人事務捲入公事，而自製「辦公室風波」。所以你提出忠告，很可能是枉費唇舌。

　　奉勸你做個沉默者，如此表示你對他的忠心才是最適當之法。不要就他的事件發表任何意見，更不要讓其他同事拉你下水，成為竊竊私語的一分子。

　　無疑，導致上司生氣的原因不勝枚舉，假如你能夠了解到上司也有難言之隱，他是擔心工作不能如期妥善完成，由於一時的焦慮胡亂向周圍員工「開火」。明白這個關鍵原因後，日後與這樣一位上司相處，便會覺得輕鬆許多。

　　如果你的上司是一個暴君，你必須讓他知道你會依從他的指示，而且很明白他的意思 —— 甚至在他仍未向你叫喊以

前，主動告訴他自己的工作進展十分順利。你要面對現實，與其視他如洪水猛獸，避之則吉，不如主動跟上司說：

「有關這項工作的推行計畫，我已完全想好，待我整理好，後天便能交給你。」

上司與下屬是否必有無形的隔閡？答案是未必，許多時候，隔閡是人為的。

例如，許多人在同事聚會時，老是只約同一層級的同事，大家嬉戲玩樂，無拘無束，卻從來不找較高級主管，理由是怕不自在。

這種觀念絕對錯誤。每個人都具有好奇、幽默的本性，你與上司在這方面正是有了共同點，何以會感到不自在呢？記住，聚會是在辦公室外、辦公時間外進行的，所以你與上司之間已沒有等級之分，是可以一起從事休閒活動的朋友。

如果你是活動的發起者，下一次就該記得邀請上司了。

比較輕鬆的聚會，一般不必發請柬，你可以口頭邀請上司：「下個星期，我們有一個小型聚會，大家閒聊而已，歡迎你與我們一起參加！」即使是已經發了請柬，你也要親自再邀請上司：「下星期的聚會，將有小陳、蘇珊等參加，節目有……不知你有沒有時間參加呢？」請注意，兩者的要點是，先讓上司知道聚會的目的和規模，同時讓他有選擇的餘地。

與上司之間的關係要變得融洽，十分講究技巧。你必須先摸清他的習慣喜好，例如衣著品味、分配工作或處理日常

事務的態度等等。

上司也是普通人，他可能有跟你一樣的煩惱或好奇心，在適當的時候，不妨跟他談些私事，例如最近與家人找到一個假日好去處，或者在一些非公事的事項上，助上司一臂之力。

在公司裡，不妨在比較空閒的時候，選擇一些上司偏愛的話題，可以使工作更愉快。同時，對於別的同事對上司的閒話，最好隻字不提，避免瓜田李下。

當遇到不滿的事情，切忌一開口就把責任冠到上司頭上，你該具體的將整體事情向他報告，並表明你的感受，但記著，不能讓其他同事聽到你倆的談話，以免人家以為你們發生衝突。即使你跟上司真的意見不合，請先冷靜下來，保持緘默。記著，為爭執而爭執絕非好事，除非能夠從爭執中得到有益的意見，否則，還是管好你的舌頭吧！

6. 多向上司請示、匯報

有人說，學習的原則是模仿。

一般人總是很容易注意別人的缺點，而忽略別人的優點。因此發現別人的優點並給予讚美，也就成了一種難得的美德。沒有人會因為被讚美而動氣發怒的，反而會心存感謝而對對方有好感。

唯有能讚美別人的人，才是真正值得讚美的人。

能以周圍的人為借鑑而有所學習的人，才是世上最聰明的人。

三人行必有我師。

人有一口二耳，這是要我們聽多於說。

如果把這些至理名言應用到公司體系中，那就是做下屬的人要記住上司的優點，竭盡做下屬的忠誠，海綿式地加以充分地吸收學習。

當小李還是業務員時，直屬的經理是一位說話非常幽默的人。公司裡極嚴肅的管理階層會議，往往因這位經理的幽默而變得趣味十足。當時小李非常敬佩這位經理，並且集中精神學習他的幽默，也學習他的人生觀和處世哲學。

由於小李的熱衷，經理也非常親切地指點小李。在他溫暖的關愛和指導下，小李也逐漸成為公司所信賴的營業要員。現在回想起來，原因就在於當初小李對那位經理心悅誠服，並虛心求教的結果。

向上司學習，對上司心悅誠服，最重要的是必須付諸行為的表現，才能使上司得到真正的感動。

例如，上司喜歡看書、打球。你不妨也找些書來讀，並經常相邀結伴打球或參加運動比賽。另外，買跟上司同樣布料或花樣的服飾，抽同一廠牌的菸，選擇同一種類的咖啡或料理……也就是在行為的表現上，要讓上司覺得你跟他是

「同類」的人，這樣他的心理就會很容易接受你，並喜歡你。

日常工作時，還要表現得比別人更積極、更努力，這樣上司對你的評價相對地就比別人高。

「守時」對任何人而言，都是一項必要的原則。一個有信用的人一定會守時，不守時的人就等於不守信，一個沒有信用的人是不可能成功的。

一個上班族如果老是遲到、曠職，而且又要求準時下班，這種人即使如何會拍馬屁，還是不會有什麼好結果的。

著名的日本東芝電器公司總經理土光敏夫，每天早上最遲五點起床，先過濾當天的行事項目。

比別人早上班，其實不正是最好的自我宣傳嗎？那些要向公司投訴或有急事的客戶，大多是在上班時間快到時打電話進來。而一大清早就能服務客戶的企業，會給人好印象，信用度也高。

做一個最早上班的職員，處理那些過早到來的電話，這是非常重要的工作，不但可以增加個人的工作幅度、應對範圍，也會為公司上下帶來明快的工作氣氛。

偶爾碰到有事而提早上班的上司時，要趨向前去用明朗的聲音問好，將使上司留下深刻的印象。如果恰好有上司的電話，一定要仔細聽清楚並做紀錄，在上司一進門時就遞上前去，然後恭敬地陪上司走到辦公室並為其開門。有句話說「出迎三步，身送七步」就是這種表現！

看到同事們陸續來上班時，也要用明朗的聲音面帶笑容地一一問好。如果有同事們的電話，這時候就要一一告訴他們。不過有一個祕訣，就是傳話時，絕不可竊竊私語，最好是讓其他的同事也能聽得到。

將一些剛從報紙上得知的新聞報告給上司聽，這也是一種向上司表示周到與善解人意的戰術。

「一日之計在於晨」，提早上班不但有較充裕的時間去調查或計劃當天的工作內容，還可能因此博得上司的好評。

上班要早，下班可就早不得了。同樣是下午四點，但是那種「才四點」的態度總是比「已經四點了」的態度，更令人欣賞吧！即使別人已經開始準備下班，也最好佯裝不知地繼續工作。上司的眼光是很銳利的。

對於同事的邀約，要有所節制，不可有邀必去，也不可一味地拒絕，否則不是被認為太隨便輕浮，就是被人認為孤僻不合群，這在人事考核上都是很不利的。

偶爾上司留下加班，最好也主動留下幫忙。如果上司因此相邀去吃飯，就要高興地相陪。這樣做當然不是存心要上司請客，而是借此製造接近上司的機會，並在吃飯間的閒聊，聽取上司的人生經驗等等。

即使上司談的都是一些老生常談，也要仔細聆聽，時而給予表示共鳴或敬佩的應和，絕不可有一絲不耐煩的神態。前面說過，這種部下是最被賞識的。

　　「早上班晚下班」可說是好處多多，須謹記在心的是，必須持之有恆，效果才會彰顯。

　　不管是不是業務員，出差時如有任何收穫，都要盡快向上司報告。千萬不可存有「回去再說」之類的想法，因為這樣就無法及時使上司了解到最新動態。

　　大筆買賣洽談的結果，最新的情報，同行間的行動……，這都是上司最期待、最願意傾聽的。

　　到客戶那裡談生意，偶爾用客戶的電話請上司與客戶寒暄或問候等，這是對該客戶的禮貌，對自己的上司也是一種忠心戰術。

　　接著就是乘興邀約客戶去喝一杯，這不但有助於生意洽談的結果，往往還可以從客戶口中得知業界的消息或競爭廠商的動向。

　　隔天上班時就做成簡報呈給上司，並且加上口頭的說明報告，這樣不但使應酬變得有意義，上司也會樂於接受，對於稍顯奢侈的社交應酬費也不會招致批評！掌握商場情報，達成交易，這不正是社交應酬的真義嗎？

　　又，每當談成一件有相當金額的生意時，隔天最好邀請上司一起到該客戶處做「答謝拜訪」。這是一種禮貌，也是使自己與上司保持密切良好關係的方法。

7. 順從上司，百招順為先

俗話說：「孩子是不能挑選父親的！」同樣地，為人下屬的更沒有權利要求挑選上司。若任性地說：「我要做 A 經理的屬下」或「除非是 B 經理的部門，否則哪裡也不想去」……等等，這在公司內是不被允許的。

而且一旦有這種想法，對目前的上司必然會越發不尊敬，久之，甚至加以輕蔑而忘了上下該有的禮節。如此一來，無異是在自掘墳墓。

不幸遇到壞上司，這時就要了解掌握上司的心思，先發制人。平常要嚴守上下禮儀，即使被嫌惡、受批評時，也要無條件地忍耐接受。

工作要認真，報告要力求詳盡，有失敗就要認錯；將工作成果都歸諸於上司的指導或幫助，要表現出一位忠實部下的樣子。

事實上，窮凶極惡、濫用權限的上司是少之又少的，何況人與人的相處，是會隨著彼此相對的態度而有所變化的，所謂「精誠所至，金石為開」。

最要不得的是，一味地逃避或堅持抗爭到底。下屬要跟自己的直屬上司戰鬥，其結果是可想而知的。再則，如果下屬採取越級申訴的方法，即使有所作用，但在組織體系上，越級報告者反而會有更不好的下場。

　　無論如何，公司總有人事調動的時候吧！上司的好壞並不很重要，最要緊的是，為人下屬懂不懂與上司的相處之道。

　　除了一些特例外，一般營利公司的行事流程，應該都是採用由上往下的方式，就是由上司領導下屬做事。

　　身為下屬的人如果表現得太突出，爭著出風頭，往往容易成為同事排斥，怨恨的目標，也會造成上司芒刺在背的不安感。這麼一來，要想順利地有一番作為，可就非常困難了。與其如此，何不虛遜自居，唯上司馬首是瞻呢？

　　譬如，一有好的構想，就透露給上司，讓它變成是上司的卓見而發布或實行，也就是進行由上往下的形式。如此，同事之間不但不會排斥，而且上司也會感到高興。這也是一種向上司表現忠誠的方法。

　　另外，上司對部下的意見不加理睬是理所當然的。做下屬的隨時都要有這種心理準備，不要一味地力爭到底。這樣除了把自己塑造成眾人的攻擊目標，加深上司的怨恨外，可說是一無好處。

　　相反地，對上司的構想，只要不是太離譜，就要表現出贊成，積極支持的態度。

　　即使有再好的構想要提供給上司時，也要歸之於是從上司那裡學來的。

　　這是一個消費者至上的商業時代。消費意識的抬頭，使得生產者的角色，有越來越難做好的趨向。

來自消費者的抱怨或抗議是不可避免的。這時，如果有願意自動自發積極處理這些事情的部下，對管理者而言那是求之不得的。

　　眾所周知，應付抱怨最好的方法就是低頭道歉，賠不是。這種任人責罵、委曲求全的角色，是一般人最不喜歡擔任的，處理不好，還可能反遭公司責怪。正因為這是人人避之唯恐不及的事情，假如此時有人自告奮勇地出來承擔，上司對此人一定會給予相當的好感和極高的評價。問題是看事情是否處理得當。

　　要想順利處理顧客的抱怨事件，除採取道歉賠不是的低姿態策略外，還要積極利用這個機會，使該顧客成為公司的忠實客戶，這樣才算是完美的結果。

　　要達到這種結果，最主要的是讓顧客體會到公司的誠意。譬如，主動到顧客處了解情況並致歉，事後，還要隨時請該顧客反映意見。主動地拜訪，不時的關懷，讓顧客有受到尊重的感覺。能尊重顧客的公司，當然會受顧客的歡迎。

　　勇於承擔是最困難的工作，而且又能積極地替公司爭取客戶。這種在行為上積極表現出肯為公司犧牲個人的形象，無疑是最被上司欣賞、器重，最願意給予擢升的部屬了。

8. 做一個既有威嚴又有人情味的上司

身為一個行政主管，要做到令出必行、指揮若定，必須保持一定的威嚴。

道理很簡單，在領導與指揮業務上，沒有令對方與下屬感到畏懼的威懾力，是不容易盡責稱職的。單是有一張和藹的臉、一番美麗動聽的言詞，發揮的作用可以說非常有限。

商場如戰場，《孫子兵法》中有個關於「三令五申」的典故，確實可以拿來借鑑。

當年吳王委派孫子訓練宮中嬪妃成為娘子軍。起初，宮妃們覺得好玩，視同兒戲，成日嘻嘻哈哈。孫子一再勸說，並告誡如不聽命，即要嚴懲。其中吳王最寵愛的兩個妃子根本不當一回事。結果三日過去，孫子行使無情軍法，斬掉了那兩個妃子，宮妃們肅然起敬，立即軍容整頓，井井有條。

當然，威嚴也不等於惡言相向，破口大罵，整日板著面孔訓人。只是在工作時對待下屬必須令出法隨，說一不二。發現了下屬的錯誤，絕不姑息，立即指出，限時糾正，不允許討價還價，要讓下屬滋生敬畏之心，才會使你威風凜凜，在萬馬千軍衝鋒陷陣的商界中指揮自如。

威嚴始終是管理階層人士的一種氣質。

但是，只有威嚴是不行的，還得富有人情味。下面是一個關於美國電話業巨擘、密西根貝爾電話公司總經理福拉多的小故事：

在一個寒冷的深夜，紐約一條不是很繁華的道路上已經幾乎沒有車輛行駛。這時從街中心的地下管道洞內鑽出一位衣著筆挺的人來。路旁的一個行人十分狐疑，他上前想看個究竟，一看卻愣住了，他認出這鑽出來的人，竟是大名鼎鼎的福拉多！

　　原來福拉多是因為地下管道內有兩名接線工在緊急施工，福拉多特意去表示慰問。

　　福拉多被稱作「十萬人的好友」，他與他的同事、下屬、顧客，乃至競爭對手都保持著良好的關係，這位富有人情味的企業巨子，事業如日中天。

　　身為企業的領導者，要實現自己的意圖，必須與屬下取得溝通，而人情味就是溝通的一道橋梁。它有助於上下雙方找到共同點，並在心理上強化這種共同認知，從而消除隔閡，縮小距離。

　　有許多身居高位的人物，會記得只見過一兩次面的下屬的名字，在電梯上或門口遇見時，點頭微笑之餘，叫出下屬的名字，會令下屬受寵若驚。

　　富有人情味的上司必是善待下屬的。

　　上司要贏得下屬的心悅誠服，一定要恩威並施。

　　所謂恩，則不外乎親切的話語及優厚的待遇，尤其是話語。要記得下屬的姓名，每天早上打招呼時，如果親切地說出下屬的名字再加上一個微笑，這名下屬當天的工作效率一

定會大大提高，他會感到上司是記得我的，我得好好工作！

對待下屬，還要關心他們的生活，聆聽他們的憂慮，他們的起居飲食都要考慮周全。

所謂威，就是必須有命令與批評。一定要令行禁止。不能始終客客氣氣，為了維護自己平和謙虛的印象，而不好意思直斥其非。必須拿出做上司的威嚴來，讓下屬知道你的判斷是正確的，必須不折不扣地執行。

上司的威嚴還表現在對下屬分配工作，交代任務。一方面要敢放手讓下屬去做，不要凡事自己執行；一方面在交代任務時，要明確要求，什麼時間完成，達到什麼標準。分配了以後，還必須檢查下屬完成的情況。

恩威並施，才能駕馭好下屬，發揮他們的才能。

當員工的工作表現逐漸惡化的時候，敏感的主管必須尋找發生這個現象的原因，如果不是與工作相關的因素所造成的，那麼，很可能是員工個人的問題干擾了他的工作。有些主管對這種現象不是認為「這不是我的責任」而忽視它，就是義正辭嚴地告誡員工振作起來，否則就要捲鋪蓋走路；也有些主管一味地規範員工而不針對問題的核心。

不論如何，如果主管希望員工關心與認同公司，那麼，管理者首先要關心員工的問題。因此，上述處理的方式可以說輕而易舉，但是無法改善員工的表現。比較合理的方法應該是與員工討論，設法協助他面對問題，處理問題，進面改善工作績效。

十、關心體貼，同事交往重情感

1. 合作之道，貴在真誠

同事之間有競爭、有摩擦，這是不可避免的。但身為一個高明的上班族，應當懂得如何把這種摩擦降到最低，應當學會如何把這種競爭導向對自己有利的方向。這就需要以誠相待。

你可曾遇到這樣的情形：來到新的工作崗位上，你感到戰戰兢兢，對很多事情都感到很新鮮，可是，卻有一些資深的職員，對你並不搭理，在很多事情上，故意跟你作對，你覺得無所適從，可是別無選擇，他們是你的同事，你必須跟他們好好合作，面對這種情況，你應該怎麼辦？

不要再寄望對方向你伸出援手，寧願對自己嚴格一點，延長工作時間，也不需要想盡辦法要求對方的幫忙，此舉往往弄巧成拙，令自己更生氣。

如果你曾三番五次跟對方爭論，他都沒有理會你的抱怨，依然我行我素，令你更覺煩亂，你應該從經驗中吸取教訓，不必再自尋煩惱，想與對方據理力爭，不如學習如何把工作獨自完成。

在未斷定對方是「老油條」，或是一個「無可救藥」的人以前，嘗試了解對方的難言之隱，大家化敵為友，你或許會有意想不到的收穫。

不要以為自己有什麼過人之處，便認定對方是「老頑

固」，如果你想事事進行順利，須學習如何尊重別人，摒除狹隘的思想，與自己不喜歡的人建立友誼。

你要捫心自問，無法與對方合作的原因，問題究竟出在對方，還是自己的身上？你是不是也應該負一點責任，努力營造愉快融洽的氣氛？不可小看與人和平共處的技巧，它是你日後事業成敗的關鍵。

與同事相處，應本乎誠，當他需要你的意見時，不要拚命給他戴高帽，發出無意義的稱讚；當他遇到任何工作上的疑難時，你要盡心盡力予以援手，而不是冷眼旁觀，甚至落井下石，當他無意中冒犯了你，又忘記跟你說聲對不起時，你要抱著「大人不記小人過」的心態，真心真意原諒他，日後他有求於你時，要毫不猶豫地幫助他。

或者，你會問：「為什麼我要待他這麼好？」答案很簡單，因為他是你的同事，你每天有三分之一的時間跟他們在一起，你能否從工作中獲得快樂與滿足，是否敬業樂業，同事們扮演一個很重要的角色。試想想：當你回到辦公室裡，你發覺人人對你視若無睹，沒有人願意主動跟你講話，也沒有人與你傾吐工作中的苦與樂時，你還會留戀你的工作嗎？

如果你覺得與同事相處很困難，請細心閱讀以下的意見，相信你能從中獲得所需要的啟示。

首先，當對方有意無意表示自己有多能幹，怎樣獲得上司的信任時，切勿妒忌他，你應該誠心誠意欣賞對方的長處。

其次，當大家趁著上司不在，聚在一起聊天的時候，你應該暫且放下工作，走過去跟他們說些無傷大雅的玩笑，讓同事感覺你是他們的一分子。

再者，不要隨便把同事告訴你的話轉告上司，否則你會很容易遭致大家聯合起來反對你。

你合作多年的同事另有他就，公司調來了新拍檔。

此人原是在別的部門任職的，在公司裡名聲不佳，諸如霸氣、自私、不合作等，你聽得太多了，十分不安，生怕將來合作會有不愉快事件發生。

既有了這種心理準備，要面對就不困難。

不妨抱著這個大原則，只信自己眼睛，不要相信耳朵。那就是凡事由自己去觀察分析，再下評語，切忌胡亂聽信別人的是非之言。

所以，不要自築高牆，凡事自顧自地去想、去做，那等於是擺出不合作姿態，或向對方提出挑戰，這樣，必然惹得滿城風雨，而始作俑者是你自己！

無論你跟誰合作，要業績輝煌，首要條件是雙方夠默契，同樣合作和努力；要達此目的，你不妨先走一步。

拿出你的誠意來，跟對方好好分工合作，處處採客觀態度，不分彼此地合作，終能共享美滿成果的！

想要合作愉快，貴在真誠，如果心存芥蒂，恐怕做起事來諸多掣肘，芥蒂不時出現，這樣只會成事不足敗事有餘，要打破這個可怕的僵局，困難不大，因為解鈴還需繫鈴人。

2. 友誼應「君子之交淡如水」

與同事相處，距離太遠當然不好，人家會認為你不合群、孤僻、不易交往，太親近也不好，容易讓別人說閒話，而且也容易令上司誤解，認定你是在搞小圈子。所以說，不即不離，不遠不近的同事關係，才是最難得和最理想的。

雖有人謂「好朋友最好不要在工作上合作」，但大家都是上班族，會在職場上遇見也不奇怪。

一天，公司來了一位新同事，他不是別人，正是你的好友，而且，他將會成為你的拍檔。上司將他交託與你，你首要做的是向他介紹公司的架構、分工和其他制度。放輕鬆點，就當他是普通的同事吧！這時候，不宜跟他勾肩搭背，以免惹來閒言閒語。

總之，大前提是公私分明，記著，在公司裡，他是你的拍檔，你倆必須忠誠合作，才可以製造良好工作效果。由於他是新人，許多地方是需要你的提示的，這方面，你就得扮演老師的角色，當然切不能頤指氣使，更不應倚老賣老，引起他人反感。

私底下，你倆十分了解對方，也很關心對方，但這些最好下班後再表現出來吧，跟往常一樣，你倆可以一起去逛街、閒談、買東西、打球，完全沒有分別，只是，奉勸你一句，閒暇時，少提公事為妙，難道你一天八小時工作還不夠嗎？

許多公司有不成文的習慣，就是升職者要請客，若身處這樣的公司，當然要入鄉隨俗。至於請客請些什麼呢？

　　那要視乎加薪程度和職級而定，一則是量入為出，二則是身分問題，如果你只是小職員一名，卻動輒請同事吃大餐，未必個個會欣賞，可能有人認為你太「招搖」，所以，一切最好依照舊例，人家怎樣，你就怎樣。有人當面恭維：「你真棒，什麼時候再請第二次？」你可微笑地答：「要請你吃東西，什麼時候都可以呀！」一招太極就能解決問題。

　　要是相反，有同事表示要請客祝賀你，應否答應？

　　當然要答應，否則就是不賞臉，不接受人家的好意。不過，答應之餘，請考慮：對方一向與你十分投契，純粹是出於一片真心？還是彼此只屬泛泛之交，此舉只是「拍馬屁」？前者你自然可以開懷暢飲，後者嘛，吃完之後最好反過來做東，既沒接受他的殷勤，又沒有得罪對方。

　　許多公司有歡迎新同事和歡送舊同事的習慣，身居要職的你，應否熱烈支持這些行動？

　　歡迎會目的是聯絡感情，歡送會則表示合作愉快或感謝過去的幫忙。所以，前者你不必一定出席，除非你的工作崗位是公關或人事部。這樣更顯得你有獨特風格，何況既是新同事，還愁他日沒有機會互相了解嗎？

　　至於後者，就比較複雜，你應該小心衡量一下：

　　這位同事與你有沒有關係？如果是毫無交情的，可以不

必參加聚會，但送一張卡片是必要的，那是禮貌，也表示你的關心，何況他日你們或許有機會共事。要是常常接觸的，但交情普通，則在公在私也該出席聚會，顯示你的確欣賞他且捨不得對方，所以表示你的祝福。若對方是你的助手或更親密的搭檔，最理想的是既參加聚會，又私下請對方吃一頓午飯，或是送一點紀念品，以表示你的感謝和友情。

努力不懈忠於工作的你，在短短的幾年間，步步高升，事業可說是一帆風順。

有幾位跟你一起從基層做起的同事，限於能力和際遇，至今仍保持多年前的職位。在大家相處之時，你總覺得不太自然，甚至有戰戰兢兢之感。

其實，這完全是心理作祟，你是怕自己的表現過於高傲，惹來「一朝得志」、「不可一世」的批評，但過於隨和，又怕有「不夠成熟」之虞。

只要把這包袱拋掉，一切就容易應付了。

公事上，若他們是你的直轄下屬，謹記「大公無私」的原則就是了，對他們採取一貫的態度，獎罰分明，切莫有「算了吧，大家共事這麼多年」的想法。只要態度誠懇，不必怕對方會錯意。私底下，保持你們固有的關係吧！投契的就當作朋友一般看待，合不來的，更不必刻意去改善。

要是他們並不屬你的部門，情況就好辦得多，公事上既無相關，平常見了面，大可「友善」一番，不必故意裝模作樣。

只有和同事們保持合適距離，才能成為一個真正受歡迎的人。你應當學會體諒別人。不論職位高低，每個人都有自己的工作範圍和責任，所以在權力上，切莫喧賓奪主。記住永遠不要說「這不是我分內的事」這類的話，過於涇渭分明，只會破壞同事間的關係。在籌備一個任務前，謙虛地問上司：「我們希望得到些什麼？」「要任務順利完成，我們應該在既有條件下做些什麼？」

　　永遠不道人長短。比較小氣和好奇心重的人，聚在一起就難免東家長西家短。成熟的你切忌加入他們，偶爾批評或調笑一些公司以外的人如藝人等，倒是無傷大雅，但對同事的弱點或私事，保持緘默才是聰明的做法。記住，搞小圈子，有害無益。公私分明亦是重要的一點。同事眾多，總有一兩個跟你特別投緣，私底下成了好朋友也說不定。但無論你職位比他高或低，都不能因為交情好而偏袒或恃勢。一個公私不分的人，是做不了大事的，更何況，老闆最討厭這類人，認為他們不能信賴。所以你應該知所取捨。

3. 幫助別人其實是幫助自己

　　在公司裡，同事之間免不了互相幫忙，你對這種事情應當採取什麼態度呢？平常我們總說「助人為樂」，但是，在職場上怎樣助人，才能真正成為樂趣，才能被雙方所接受呢？

　　某部門主管與你十分要好，有一天，突然向你求救，就是他有一個計畫希望與某公司合作，而你與該公司老闆或有實力人士十分熟稔，請你做中間人，向對方遊說一番。

　　不錯，你與這人的交情很好，可是切記：公私分明。

　　你可知道這個計畫的來龍去脈，兩家公司合作，究竟誰得誰失？你鼓其如簧之舌，有什麼好處呢？要是答案全是未知之數，奉勸你小心行事。

　　不妨答應好友你同意做中間人，但只限於介紹他與該公司某人認識，並不充當說客。

　　對被介紹者，可事先告訴他事情的概況，讓他有心理準備，並說明合作與否，不必考慮你這方面，因為根本與你無關。

　　安排兩人第一次見面，最好選些不是大家午飯常去的餐廳，而且要安靜。等介紹大家認識後，先聊聊其他話題，切忌一見面就談生意，那只會令你尷尬。第二次相見，也可以幫忙聯絡，但最好不參與，任由兩人自由發展就好了。

　　當一個同事請你提供意見，如何是好呢？諸如「你認為我的工作態度不好嗎？」、「我服務客戶的方式不對嗎？」這些問題不易處理，卻給你一個幫助對方進步和表現才能的機會。永遠不要直接回答「是」或「不是」，應該有一點建設性，即是提議一個可行辦法而不會被誤為批評。因為要是你的答案令對方不開心，他肯定不會接受你的意見，甚至認為

你是麻煩的一部分。

告訴對方換了是你，會如何處理此件事和為什麼，例如這同事因為未能準時預備開會的文件，遭上司責備，應該婉轉開解他：「你我都知道李經理很認真，所以我替他做事永遠以最快時間去完成，並且做得很詳盡，讓他知道，我是盡力做到符合他的要求的。」

切忌指出對方或其上司的錯處：「李經理真是煩，你最好永遠依照他的吩咐去做。」這樣，等於火上加油，對同事、對他的上司，甚至你自己，肯定都沒有好處，何苦呢？

你調離舊職已有好長一段時間了，對新職位亦早已熟習，一切順利如意。只是，尚有一個小麻煩。那就是舊職的接棒人常帶給你困擾，此人也是調職的，跟你當同事已有一段日子，大家頗為熟稔，所以他以朋友的身分來向你討教就很順理成章。

漸漸你發現，對方對你的依賴，間接影響到你正常的工作，而且永遠背著一個包袱，對你是蠻不公平的！所以，是到了想辦法改變情況的時候了。

記住，保持你友善的態度，顯示你仍支持對方，樂於幫忙，問題是：你該提醒他獨立工作的重要性，間接協助他獨立工作。

當對方又來找你詢問相關問題，微笑著告訴他：「這些數字應該在會計部門十分齊全，你去翻查一下就知道了。」

　　或者「這些客戶本來就跟你的上司很熟悉，由你的上司出面，事情必定好辦。」

　　提醒對方，應該自己處理的，就自己去面對，又有哪些問題可以由其上司決定，或者應由上司輔助。你還得提防對方的上司誤會你倆有過分的親密關係。

　　你的搭檔在辦公室整天忙著籌備婚禮事宜，結果是你平白要多負上他的責任。

　　雖然你表示過：「我實在沒有餘力替你工作。」但對方的態度卻是：「你也將有同樣的私事發生，到時我必盡力幫忙。」怎麼辦呢？

　　不錯，同事間是有義務在緊急關頭分擔搭檔的工作的。但結婚卻不是緊急事件，而且大多數上司們是不會同情只關心私事的下屬的。

　　不妨這樣推掉對方的要求：「你打算如何處理那份報告書？我手頭上還有三個計畫書，恐怕在未來幾個禮拜都無法騰出時間幫你了。」切記不要強調你將不會伸出援手，而是將責任交回他手上，不要讓他誤會有你做後盾。要是對方以將來代你工作為交換，可以提議對方先向上司請示，這樣等於避免了直接下決定。

　　與對方討論時，千萬別顯得憤怒，只需要說：「你準備怎樣去進行任務？那可以成功完成嗎？」這樣，就能將對方的注意力轉移到工作上，不會損害到雙方的良好關係。

遇到有同事向你借錢，應該怎麼辦？請先觀察情況，此人是否經常經濟拮据？是否不會如期還錢？還有，他在同事間的信譽不佳？

　　要是答案全是否定的，大概這位同事確是有燃眉之急，身為朋友，幫忙是應該的，而且你不必多方追問，只要伸出援手，並安慰道：「不必憂心，我的能力可以應付，你儘管辦你的事吧！」

　　如果答案剛好相反，此人則是不知自愛，起碼也是理財無方，值不值得幫忙，就要看你與他的交情了。

　　如果對方是你同部門的同事，而且與你十分熟稔，看來推也推不掉，那麼，你唯有「酌量」幫忙，而治本之法是一方面多規勸老友要小心理財，另方面實行「裝窮」，希望對方轉移目標。

　　如果對方是別的部門的同事，那就容易辦得多，因為接觸較少，不必尷尬，不妨婉轉的回絕：「對不起，我每月都有自己的經濟預算，恐怕幫不上忙。」

4. 得意切莫喜形於色

　　在處理同事關係時，萬萬不可意氣用事，一定要冷靜再冷靜，理智再理智。

　　有些上班族深信，只要在工作上表現突出，本身擁有較

高學歷，就能夠在公司內受到上司賞識，扶搖直上。

　　的確，工作勤奮加上豐富的學識和經驗，無疑是升遷的要素，但不等於全部。

　　一些在工作上表現相當出色，學識，經驗都不錯的上班族，十數寒暑，仍然停留在同一職位，不降亦不升。

　　他們在茶餘酒後，往往滿肚牢騷，抱怨自己不受上司欣賞，以致日復一日也沒有出人頭地的機會。

　　對他們不熟悉的人，也許會同情他們的遭遇，認為造化弄人，不將機會留給那些既勤快又有才學之人。

　　事實當然不是表面那樣簡單。就我所見，這些怨天尤人，經常埋怨上層「不長眼」的上班族，之所以多年不升不降，主要是他們不懂或不屑經營人際關係，於是被孤立，甚至遺忘。

　　一名做事非常俐落，從來不推卸責任的職員，他在工作上的表現，上司也很欣賞，還打算推薦他升職。但多年過去了，這名職員的職位依舊保持不變，雖然其工作熱情不減，但他對上層卻愈來愈不滿。他不時向其他同事表示，自己那麼勤奮工作，結果比他差勁得多的人卻升職了，上層顯然有意貶低他。

　　他不明白自己最失敗的地方，是出在人際關係上，例如，與其他同事相處時（上司有時亦在場），他往往誇耀本身的才能，又喜歡指責別人的不是。

曾經有過一兩次，他因為「多嘴」而得罪了同事，幾乎打起架來。上司看在眼裡，自然心裡有數。這還不算，這名職員不時還會公然頂撞上司，令後者的尊嚴當眾受損。

　　身為主管，你會提升一個這樣的下屬嗎？他可能的確有真才實料，具備豐富工作經驗，奈何不懂做人之道，不注意人際關係，提拔他為管理者，對他對其他人都不見得有好處。

　　當你的搭檔或者上司做了一件令你不滿的事，你應該直斥其非嗎？

　　請參考以下的技巧：把最重要或最急切的問題先提出來，切莫把不滿列成清單，這只會令對方信心大減，做事就更不起勁。同時要清楚地指出想要批評的事，例如：「我希望跟你研究一下今早你處理那份合約的情況。」

　　請針對事，不對人。即使對方已明白是自己的錯，你也不能說「你為何會那樣做？」而應該說「這計畫的效果不太理想，下一次我們不妨這樣做……」

　　別忽視問題。告訴對方，為了符合工作的進展，他必須做出改善，這是工作上的要求，並非你個人的要求或吹毛求疵。

　　給做錯事的人一個承擔責任的機會，但要用鼓勵的口吻：「我明白你很難過，但你不妨這樣做……」然後重複你想讓他怎麼做。

一般來說，批評上司的方式大同小異，但最好把你的批評包裝成提議，那會比說出事實使他難堪好得多，還有，大可把批評當作是其他人提出的，你只是傳遞者。

辛勤工作了一年，休個長假是何等美妙之事，然而放假的不是你，是你的搭檔。也就是說，你一個人要負責兩個人的工作。

更有甚者，就是接手了搭檔的工作，卻發現他原有的工作方式大有問題，既不完善，又費時費事，叫你暗暗納悶，究竟應該採取何種態度？

首先，你應該老早有身兼雙職的心理準備，這亦是每個職員所應有的觀念，因為大公司員工輪流放假，就必有此現象出現。

至於同事的工作方式，請謹記，切勿向老闆指出搭檔的不是，即使是同事，也不能說出任何對對方不利的言詞，因為害處太多了。

每個人有每個人的工作方式，某甲的方式未必適合某乙，只要能將任務圓滿完成，用哪一種方式並不重要，對嗎？何況，或許你的搭檔自有「祕方」。

但胡亂批評，就太魯莽了，別人只會以為你「因妒中傷」夥伴，或者急於表現自己而已。

當然在適當時候，發一點牢騷，的確可以收到預期的效果。

但發牢騷時，你必須冷靜。把問題說出來，這不是意氣用事，而是把衝突的來源根查，如告訴搭檔，他的遲到令你無法準時完成工作，這會比你指責他不合作更清楚，但請別當眾侮辱他。

　　雖然理虧的是對方，但不應得勢不饒人，只談現在的問題，以往的不必再提，這顯示了你有容人的態度。同時，容許對方解釋，和多聽其他人的意見。

　　因為當你憤怒時，容易偏激，對別人也就不公平，何況，你不可能耳聽八方，眼看千里，所以你應該考量別人的解釋，這也有助你了解同事的工作情況，和他出錯的原因。

　　冷靜、清楚地把你的要求告訴搭檔，然後跟他一起研究解決的方法。所謂「一人計短，二人計長」，讓犯了錯的他也有合謀機會，他的內疚感自會大減，也不會責怪你發脾氣，而且找出理想的解決辦法，才是你大發雷霆的目的！

　　你的好搭檔對上司十分不滿，希望你站到同一陣線，頻頻向你抱怨：上司經常無理取鬧，真氣人。同時問你的感覺，不妨這樣回答他：「我想，上司對限期特別敏感，他會為遲一天完成任務而惱怒不已，真是忠於工作！你何不嘗試下次早一天呈上報告書呢？」記著，千萬別指出對方其實在這個月內已是第三次遲交報告。

　　又例如，一個同事請你就一個給客戶的計畫書提供意見，怎麼辦？切勿立刻批評這個計畫書！應該想想有什麼問

題可以提出。

反過來問他，他擬定計畫的因由，了解他心目中的目標，仔細地分析，然後再取長補短，提出更有幫助的辦法。

總之，你的目標是說服同事你是想幫他一把的，而非指出他的過錯。當他解除了保護罩，你才有機會去幫助對方，並間接消弭了同事與上司間的火藥味。最終，你自會贏得「有領導才華」的美譽，受到上下的歡迎。

5. 疑心勿重，信己信人

懷疑，是每個人都存在的一種心態。正常的懷疑是與輕信和盲從相對立的，是人們的心理從幼稚走向成熟的展現。馬克思在回答女兒的問題：「你最喜歡的格言是什麼」時，就寫道：「懷疑一切！」懷疑意味著對傳統和成見的反叛，是通向智慧和科學的必經之路。

但是「物極必反」，如果懷疑超過了一定的界限，對一切事物都持不信任態度，很輕易地就動了疑心，終日疑神疑鬼，就會形成一種病態心理，不但妨礙人與人之間的感情和友誼，還會平添許多憂愁和煩惱，甚至引起病變，損害身心健康。

從醫學的眼光看，懷疑的精神狀態能夠刺激腦垂體，打亂腺素的正常分泌，引起植物神經功能紊亂，使各種疾病乘

虛而入。由多疑引發的病症很多，例如頭暈眼花、胸悶心悸、腰背疼痛、噁心嘔吐、失眠健忘等，嚴重的還可能發展成神經分裂症等精神疾病。

病態的多疑症，根據其在患者身上的不同表現，可以劃分為若干類型。

（1）自我多疑型

這種人基於自卑感和缺乏自信心，對自己的能力和身體疑慮重重，惶惶不可終日。在學習和工作中稍遇困難，便悲觀失望，懷疑自己太笨，能力太差，認為自己不是這塊「料」，綁手綁腳，不敢勇敢地去嘗試，結果錯過時機，誤了大事。平時身體稍有不適，便胡亂猜疑，咳嗽幾聲，就以為患了肺病；偶然食欲不佳，就認為是得了肝炎；頭痛腦熱，就懷疑是腫瘤作怪。這種人把主要精力都用來猜疑自身的「噩運」，無法投入正常的工作和學習，也無法保持旺盛的精力和健康的身體。結果形成了惡性循環：認為能力低下不敢放手工作，不僅無所成就，能力也因得不到鍛鍊而日漸衰退；認為疾病纏身，無法痊癒，種種病象也隨之而來。

這種人其實是跟自己過不去，自討苦吃。要解除他們的不健康心理，需要幫助他們清醒客觀地看待自己，指出他們的優點和長處，及時表揚他們的成績，使之樹立足夠的自信。對於身體狀況也應科學地分析，有病治病，無病則解除疑慮，不切實際地捕風捉影對人對己都不會有好處。

（2）環境多疑型

這種人基於對旁人的不信任和過分敏感，覺得周圍的人都在盤算自己、跟自己過不去。別人在聊天，就以為是說自己的壞話；別人在一起互相開玩笑，就對號入座，以為別人是在指桑罵槐，攻擊自己。這種人的心理與阿 Q 很相像。阿 Q 一方面頭上有癩瘡疤，所以諱言禿，連光、亮之類的字眼也不許別人說；另一方面又無端懷疑旁人，看到男女在一起說話，就以為人家「不正經」。疑心重的病人也是如此，既懷疑別人向自己耍心機，又認定旁人之間的關係一定是齷齪齬齬的。這種心態的人，不但自己會妄想成病，還常常攪得周圍不得安寧。

對於這種疑心病患者，最好發揮集體的力量，家人、同事、朋友，大家一起從心理上開導他，從生活上關心他，從行動上感化他，一方面幫助他樹立自信；一方面使他感受到人與人之間的溫暖，確立對他人的信任，從而放棄偏見，建立起真誠。

6. 寬容：冤家宜解不宜結

人與人之間，或許會有不共戴天之仇，但在辦公室裡，仇恨一般不至於達到那種地步。畢竟是同事，都為同一家公司工作，只要矛盾並沒有發展到你死我活的境況，總是可以

化解的。記住：敵意是一點一點增加的，也可以一點一點削弱。中國有句老話：冤家宜解不宜結。同在一家公司工作，低頭不見抬頭見，還是少結冤家對你自己比較有利。不過，化解敵意也需要技巧。

與你關係最密切的夥伴，心裡原來對你十分不滿。他不但對你十分冷漠，甚至有時候你跟他說話，他也不理不睬。有些關心你的同事，曾私下詢問過，為什麼你的搭檔對你如此不滿？

可是，你究竟在什麼時候得罪了對方？連你自己也沒有一點頭緒。

你實在按捺不住了，索性拉著對方問：「究竟我有什麼不對的地方呢？」但對方只冷冷地回答：「沒有什麼不妥。」到了這個地步，如何是好？

既然他說沒有不妥，你就乘機說：「真高興你親口告訴我沒事，因為萬一我有不對的地方，我樂意改善。我很珍惜我倆的合作關係。一起去吃午飯，如何？」

這樣，就可以逼他面對現實和表態。要是一切如他所言的沒事，共進午餐是禮貌的行為。或者，邀他與你一起喝下午茶。在你離開辦公室時遇見他，開心地跟他天南地北聊一番。總之，盡量增加與他聯絡的機會。友善的對待，對方怎樣也拒絕不得！

你另有高就，準備離職，你心想：「那幾個平日視你的

痛苦為快樂的同事，一定很開心，如果趁這時乘機向老闆告他們一狀，就太好了！」奉勸你三思而行！

世界很小，若今天被你捉弄的同事，他日也成為你新公司的職員，你將如何面對他？這豈非陷自己於危險境地？要是對方的職位比你更高就更不妙，所以何必自製絆腳石？還有，所有的上司都不會喜歡亂打小報告的下屬。試問終日忙於偵察別人的缺點，還有多少時間花在工作上呢？

團結就是力量，所以千萬別在公司裡搞小圈子，應當把同事都視為好朋友，凡事以和為貴，即使有人故意針對，處處為難你，但你必須捺著性子，不可意氣用事，因為同事間的爭執只會令生產力下降，站在上司的立場，他是不會關心誰是誰非的，總之不合作就是你的錯。

一般人總愛聽讚美的話，聰明的你就不妨大方一點，多讚美別人吧！「這個意見不錯，就這樣做吧！」、「真棒，你提供了一個好辦法！」這樣，下一次他會更努力的幫助你。

讚美別人之餘，要注意自己的表現，處處出盡風頭，或者說話過分直率，容易使人覺得你自大而排擠你。所以永遠小心口舌，同時要與同事們站成一線。

人是感情的動物，在愉快的氣氛下工作可收事半功倍之效，不妨多關心別人，體貼別人，增加親切感，做起事來就更好辦。從今天起，努力做個受歡迎的同事吧！成功的你，將來獲升遷的機會也相對大增！

笑容是最犀利的武器。當你託同事把文件做好，說聲「麻煩你」，加一個笑容，他會被你的友善感染，特別努力；或者同事把做好的計畫書交給你，別忘記謝謝他和微笑一下，這不但是禮貌，亦是感謝的表示。任何人都喜歡得到讚美。說一些別人愛聽的話，只要不是謊話，便不算埋沒良心。切莫對同事大叫大嚷，這不但不禮貌、不友善，還表示你缺乏信心。

　　即使你遇上難解的問題，情緒低落極了，更需要微笑，拋開煩惱，跟同事們談笑，藉此把惡劣的心情沖淡，使精神集中於工作。

　　不要自掃門前雪，若同事需要你的幫忙，不應吝嗇，盡力而為吧！即使不會立刻獲得回報，但你的投資是不會白費的，起碼他會認為你是大好人。

　　如果你做錯了事，且影響到別人，快道歉！勇於認錯的人並不多，這樣做自然給對方留下深刻印象。還有，處處設身處地去感受他人的心態，再給予支持，沒有人會不喜歡你的。

　　在工作上造成了一次嚴重的衝擊，例如跟某同事大吵大鬧起來，對你的專業形象和信心會有無形的壞影響，因為這顯示了你對控制人事問題有欠成熟。

　　可以怎麼補救呢？以下是一個比較普遍的例子。

　　你與某同事在某事上持不同意見，又互不相讓，以致言

語上有衝突，你自認把話講得太直白，而最失敗的一點是，你列出了過去三個月來，這位同事做過的所有錯事。如今，你感到後悔不已，希望扭轉這個壞情況，並願意向對方道歉，可是，同事似乎仍處於極度失望和苦惱當中，教你歉疚更深。

其實，最佳和最有效的策略是，向他簡單地道歉：「對不起，我實在有點過分，我保證不會有下一次。」

要是你重提舊事，企圖狡辯些什麼，只會惹來另一次衝突，同時，顯得你缺乏誠意，別人日後再也不會相信你了。記住，你的目標是將事情軟化下來，與同事化敵為友。所以，最好靜待對方心情好轉或平和些時，正式提出道歉。

所謂冤家路窄，你的死對頭，或者曾經結怨者，被調派到你的部門來，且和你工作關係密切。事實既然擺在眼前，你必須好好處理。

要你忘記怨恨是不可能的事。但有幾項原則是有必要遵守的。

首先，勿談論那一次結怨誰是誰非，也不要帶入工作的討論範圍裡，從此隻字不提，以免雙方公私不分。要是對方先觸著瘡疤，請平心靜氣，緊盯著他道：「我不會記著過去不愉快之事，尤其是在工作時間內，避免影響自己情緒。」

擺出大公無私之態。或許你過去與搭檔工作，一切講默契、講信賴，但對這位新同事，你必須事事講清楚，以免有

8...

所誤解，導致不愉快事件，或心結愈重。例如交代一件任務，必須清楚指出任務的目標、完成日期和報告書的規畫等等，切莫理所當然地認為對方應該知道這些細節。

冤家宜解不宜結，主動表示友善，露出誠懇之態，沒有人會拒之千里的。

電子書購買

爽讀 APP

國家圖書館出版品預行編目資料

人際之鑰，在社交中找到自己的聲音：擴展交際圈 × 人脈資本 × 社交能量，有沒有人告訴過你，左右逢源的「源」其實就是資源的「源」！ / 蔡賢隆，舒天，孫思忠 主編 . -- 第一版 . -- 臺北市 : 財經錢線文化事業有限公司 , 2024.01
面；　公分
POD 版
ISBN 978-957-680-709-1(平裝)
1.CST: 人際關係 2.CST: 人際傳播 3.CST: 社交技巧
177.3　　　112020947

人際之鑰，在社交中找到自己的聲音：擴展交際圈 × 人脈資本 × 社交能量，有沒有人告訴過你，左右逢源的「源」其實就是資源的「源」！

臉書

主　　　編：蔡賢隆，舒天，孫思忠
發 行 人：黃振庭
出 版 者：財經錢線文化事業有限公司
發 行 者：財經錢線文化事業有限公司
E - m a i l：sonbookservice@gmail.com
粉 絲 頁：https://www.facebook.com/sonbookss/
網　　　址：https://sonbook.net/
地　　　址：台北市中正區重慶南路一段六十一號八樓 815 室
Rm. 815, 8F., No.61, Sec. 1, Chongqing S. Rd., Zhongzheng Dist., Taipei City 100, Taiwan
電　　　話：(02) 2370-3310　　　傳　　　真：(02) 2388-1990
印　　　刷：京峯數位服務有限公司
律師顧問：廣華律師事務所 張珮琦律師

定　　　價：320 元
發行日期：2024 年 01 月第一版
◎本書以 POD 印製
Design Assets from Freepik.com